中國躍向世界舞台

——從參加歐戰到出席巴黎和會

■ 陳三井　著

巴黎和會「四巨頭」

左起：勞合·喬治，奧蘭多，克里孟梭，威爾遜

中國出席和會五代表

顧維鈞（右上）、王正廷（左上）
施肇基（右下）、魏宸組（左下）
陸徵祥（中）

自序
莫等閒白了老年頭

　　屆齡退休（2002年8月）之後，轉眼間已年過七十，到了諸法皆空，可以「隨心所欲，不踰矩」的地步，這時的你不必「為生活而工作」，也不用「為工作而生活」，純粹「為快樂而工作」，何妨「睡覺睡到自然醒」，多麼逍遙自在；如果身體硬朗，無病無痛，可真是快活賽神仙！

　　不過，「諸法皆空，悠遊自在」固然好，惟若竟日無所事事，以看電視為消遣，沒有生活目標，缺乏動力，虛耗光陰，仍然會覺得心裡不踏實。職是之故，退而不休也好，所謂「廢物利用，資源回收」也罷，七年來，除了行走於兩「橋」（到國際橋藝中心參加橋社比賽或出席華僑協會總會各項大小會議）之間外，每天習慣在上午九時前後到達近史所為我保留的研究室，下午六時左右回家，如此持之有恆的繼續我的「手工業」研究工作，日積月累的結果，新產品和舊存貨陸續出爐，先後出版了七本書，計有《中山先生與法國》（台灣書店，2002年12月）、《中山先生與美國》（學生書局，2005年1月）、《走過的歲月──一個治史者的心路歷程》（秀威公司，2007年5月）、《青史留痕──一個台灣學者的大陸之旅》（秀威公司，2007年7月）、《法蘭西驚艷》（秀威公司，2008年1月）、《舵手與菁英──近現代中國史研究論叢》（秀威公司，2008年7月）、

《台灣近代史事與人物》（台灣商務印書館，2008 年 7 月改訂新版）。忙得既充實，對自己也有交代，真正做到了莫等閒白了老年頭，空餘憾！

　　但讓我念茲在茲、最掛念的還是幾個早年就開發而尚未完成結案的舊專題，很想在八十歲封筆之前出清存貨，其中之一便是「歐戰與巴黎和會」。在此，先就對這個題目發生興趣，與它結緣的過程，稍作回顧。近史所在郭廷以所長辭職後，經過一段空轉虛耗，院方聘請梁敬錞先生於民國 60 年（1971）7 月繼任所長。寫過《開羅會議》，剛出版《史迪威事件》備受媒體矚目的梁老一上任，便建議大家加強研究民國史，並以中國與兩次世界大戰為大架構分工合作進行，那時所裡福特基金專款尚有餘款可以資助一個甲種名額（副研究員以上）出國進修、搜集資料。我進所後尚未享受過出國名額，又素來對外交課題有興趣，於是便以「巴黎和會與中國」為題申請到法國十個月，僥倖獲得通過。這是我第一次與巴黎和會結緣。

　　在巴黎期間（民國 61 年 11 月至 62 年 8 月），我除了到法國外交部查閱有關巴黎和會的原始檔案外，並進入國家圖書館（Bibliothèque Nationale，58, Rue de Richelieu）借閱複印相關的資料數十種。在搜集資料過程中，並非沒有遇到波折，且讓我引兩段敘述作為見證：

> 圖書館固是逃避塵世的好去處，不過畢竟並非「快活谷」，時間一久，嘔氣的事仍然難免。
>
> 有一回，我擬借金問泗所著《顧維鈞外交文牘選存》，等了半天，杳如黃鶴，書一直沒有送來。不久回條送到說：「查無此書！」我覺得奇怪，懷疑自己是否抄錯書號，立刻到地下室重新核對一遍卡片目錄，結果發現並沒有不對。於是請

教專為讀者解答問題的女館員，探問究竟怎麼回事？她很信任我的投訴，馬上打電話與書庫聯絡，結果查出該書所存放的地方並無燈光照明設備（舊館經費不足，設備陳舊），工人為求省事，乾脆以「查無此書」企圖搪塞。如果讀者不加追問，自然敷衍過去；碰到不死心的我，他們雖不情願，也只好拿出來給我。

還有一回，我到特藏室想借拉布拉戴爾（A. Geouffe de la Pradelle）所編的一套有關巴黎和會的文件，書名為《凡爾賽的和平》（La Paix de Versailles），共 11 冊，有一位女管理員拿著我所填的書單，走過來問我「你怎麼知道有 11 本？」

我聽了心裡暗覺好笑。知之非艱，我當然查過目錄來的！但為了虛心起見，我故意反問她：「那妳說有幾本？」「5 本！」她不假思索的衝口而出，像哄小孩一般！

後來幾個管理員嘀咕商量了半天，表情很凝重的樣子。再由原先那位來對我說：「礙於規定，我們只能借你 3 本！」我請教什麼道理？她說規定就是如此！

我覺得奇怪，反駁說：「既然已經鉛印成書，理論上該無秘密可言！即使援用外交檔案 50 年忌諱的規則，那凡爾賽條約簽訂到現在也已超過半世紀，照說也沒什麼問題才對。」可是我的話等於白說，我甚至懷疑這是他們故意歧視黃臉孔的作法。

對於特藏室這種保守作風與保守態度，我很不了解，也很不滿，立刻到東方部拜訪正在那兒看書的吳其昱、左景權兩位先生，大發一頓洋人的牢騷。吳先生很夠意思，立刻介紹我

認識東方部的管理員塞紀小姐（Melle Séguy），看有無辦法
可想？這位出身東方現代語專，至今猶小姑獨處的中年小姐
承認，絕不是管理員故意刁難，因為那一部書的其餘幾冊可
能深鎖在櫃子內，沒有特別允許誰也不能借閱。唯一可行的
辦法是親自寫信給版本部（département des Imprimés）主任，
請求特准。我懶得寫信，也覺犯不著為一部書如此小題大做，
因此也就作罷。後來我到倫敦大英博物館，這部書託存恭兄
很容易就借出，一點也不珍貴，而且還可以複印（法國特藏
書向例不得複印）。一水之隔，作風相差有若天淵之別，誠
令人擲筆一嘆！[1]

回國以後，發現近史所檔案館藏有巴黎和會檔，特別是參與歐
洲和會全權委員會的完整會議紀錄。於是利用這些資料寫了一篇〈陸
徵祥與巴黎和會〉，發表於台師大《歷史學報》第 2 期（1974 年 2
月），對於陸徵祥頗有求全之批評，於簽字意見之內部激盪亦有較多
之披露，這是第二次與巴黎和會結緣。

自民國 70 年代開始，台灣史學界有朝氣蓬勃的發展，受到大陸
纂修《中華民國史》的刺激，教育部也成立了編纂委員會，動員近
百位學者專家，籌編《中華民國建國史》，以短短兩三年時間完成 5
篇 16 冊的巨幅修史工作，我被分派撰寫「參戰與巴黎和會」一節[2]，
如期完成並出版。但因為篇幅所限（只寫 5、6 萬字），並未能暢所
欲言，當時顧維鈞回憶錄尚無中譯本，故引用亦較少。這可以說是
我第三次與巴黎和會的結緣。

---

[1] 陳三井，《法國漫談》（台中：藍燈公司，1976），頁 121-123
[2] 教育部主編，《中華民國建國史》，第 2 篇，民初時期（二）（國立編譯館，
1987），頁 831-884。

　　最近，在初步完成與大陸合作的一項大規模修史計畫後，有意從頭收拾「舊山河」，發現這塊領域已經枝葉繁茂，碩果纍纍，不僅《顧維鈞回憶錄》的中譯本已經問世，即《顧維鈞傳》、《陸徵祥傳》以及相關論文著作亦不在少，論述既多，引用起來自然方便，於是把原本 5、6 萬字的課題逐步擴充了一倍，而變成一本專著。所遺憾的是，資料一多，對於當年辛辛苦苦搜集的東西反而無暇吸收融入，頗有顧此失彼之弊。固然，「文章得失寸心知」，至少已經初步實踐了「出清存貨」的願望！

　　在整理舊稿過程中，林秀娟小姐幫忙電腦輸入第一篇，林弘毅先生接手輸入第二篇，並完成所有的細部工作，備極辛勞，特此致謝！

　　　　　　　　　　　　　　　陳三井　謹識於南港近史所
　　　　　　　　　　　　　　　2009 年 3 月 31 日

目次

第一篇。

中國參加歐戰。

第一章
歐戰發生與中國之反應

　　1914 年發生，1918 年結束的第一次大戰，俗稱歐戰。這場在歐陸爆發的戰爭，被多數中國學者視為「亙古未有之大戰」。蔡元培認為歐戰是「法國大革命後世界上最大的事。」[1]報導歐戰消息最多且最具權威性的刊物——《東方雜誌》，一開始便認定這一場大戰爭，「實為百年以來之大變」，「而其影響於吾中國者，亦將為十年中之小變焉。」[2]王世杰經過平心靜氣的觀察，亦同意這是「歐洲四十年武裝和平之一大結束。」[3]

　　面對這一場以歐洲為主要戰場，距離中國甚為遙遠，多數人以為事不關己的「歐洲人的戰爭」，有沒有受到中國知識分子應有的重視？具先知先覺的中國知識界，對歐戰有何認識與看法？中國與歐戰前途之關係又當如何？政府當局的立場與反應又是如何？這是本章所要探討論述的重點。

---

[1]　蔡元培，〈大戰與哲學〉，《蔡元培文集》（台北：錦繡出版社，1995），卷 6，頁 226。

[2]　傖父，〈大戰爭與中國〉，《東方雜誌》，11:3（1914），頁 1。

[3]　王世杰，〈歐戰與中國之前途〉，《東方雜誌》14:8（1917），頁 173。

第一節　中國知識界的歐戰觀

面對歐洲風雲驟起，天地變色，自滑鐵盧（water-loo）、色當（sedan）兩役以來未有之巨變，中國知識界如何反應？本文將舉在法國的蔡元培，在德國的張君勱，在美國的胡適，在中國的梁啟超和孫中山為代表，因為這五位都是歐戰前後中國思想界和言論界最具代表性和影響力的人物。在雜誌界方面，則擬以《東方雜誌》為代表，扼要介紹其重要文章的論點。其餘人物或報章雜誌，或亦有一得之見，惟限於篇幅，在此不贅。

一、蔡元培的歐戰觀

蔡元培（1868-1940），字鶴卿，號子民，浙江紹興人。他以卸任教育總長的身份，曾兩度遊學歐洲，前後有八年之久，多半是在德、法兩國，得親炙歐洲文藝復興後的科學精神以及法國大革命後的思想潮流，又曾置身於歐洲空前的大戰之中。[4]

歐戰爆發時，蔡元培正在法國，所以他有親臨其境的切身感和透徹的觀察。我們先看看他的第一手報導：

> 原在巴黎左近所租的房屋，同住的還有一位瑞士人、一位英國人。忽然奧、塞的交涉決裂了，瑞士人於午餐時說：「不得了，已經宣戰了，我立刻要回國，加入隊伍」。英國人說：「和平長久了，有了戰爭，可以把污濁的渣滓掃蕩一回」。

---

[4] 陶英惠，〈蔡元培小傳〉，《現代中國思想家》（台北：巨人出版社，1978），第五輯，頁158。

我們的房東是一個法蘭西銀行送現款的工役，平日間穿了制服，帶了制帽，拿了皮夾，懷了手槍，……此次被徵入伍了，女房東哭得很傷心。[5]

另一方面，當時中國的留學生惶惶不安，不少人因（一）戰禍；（二）經濟；（三）停校等問題，打算棄學歸國。蔡元培與李煜瀛（石曾）、譚熙鴻等人有鑒於此，遂發起「旅法學界西南維持會」，選擇可供遷居、就學之地，並取得駐法公使胡惟德的贊助，補助經費，使留法學生能在西南各省繼續肄業。蔡氏並為維持會撰發通告，題為「吾儕何故而欲歸國乎？」內言：「此次戰局為百年來所未有，不特影響所及，人權之消長，學說之抑揚，於世界文明史中必留一莫大之紀念；而且社會之組織，民族之心理，其緣此戰禍而呈種種之變態者，皆足以新吾人蹈常習故之耳目，而資其研究……歸國之談，言之既不成理，而持之亦非有故；殆發於一時之感情，而決非審思熟慮而出之者。去留之間，關於學問之進退者甚大。願諸同學審思而熟慮之，勿遽為一時之感情所動也。」[6]

隨著戰火的逼近，法國政府南遷到波多（Bordeaux）辦公，蔡元培的住處也跟著一遷再遷，從巴黎近郊先遷蒙達集（Montargis）鄉間某村莊暫住，不久再遷聖多耐（Saint-Donat）一小鎮，最後遷居法國南方大城都魯斯（Toulouse）。

歐戰開戰之初，德國閃電出擊，入侵比利時，擊退防守法國北部的駐軍，勢如破竹，影響蔡元培對歐戰勝負的看法。他在 8 月 26 日曾致吳敬恆（稚暉）一函，內云：

5　高平叔撰著，《蔡元培年譜長編》（北京：人民教育出版社，1996），上卷，頁 559。
6　旅歐雜誌社編，陳三井校訂，《旅歐教育運動》（台北：中央研究院近代史研究所，1996），頁 69-70。

觀半月以來戰況，德之勝法，恐所難免，然俄師似已有侵入
北德之兆，德之贏於法而挫於俄，亦或難免，惟看解決之遲
速為大局變化之關鍵耳！弟之觀察，以為此次戰爭，尚在民
族競爭範圍之中，蓋德法之衝突，莫甚於埃爾塞斯及羅倫之
時欲畔德而就法，而奧、德兩國尚有斯拉夫人與日爾曼人之
衝突，……德國人常欲合奧國而為日爾曼大邦聯；俄人則提
倡斯拉夫唯一主義，欲合巴爾幹半島及波蘭故地而為大帝
國；塞、奧之衝突，俄人暗中主動。……三角同盟中之意大
利獨告中立，比利時願當強德之衝以護法，而俄帝於開戰後
想波蘭自主，皆民族之關係也。……故此次戰爭，若俄人侵
德之力不後於德人之侵法，而成相互牽掣之局，至各國精疲
力盡而遷就講和，為至公平之支配。使除英國外，拉丁、日
耳曼、斯拉夫三民族所佔之地各為一大團體，即匈牙利、土
耳其則定為永遠之中立國，如是則侵略土地之野心可以免，
真可由軍國主義而嬗於工商主義矣！[7]

　　至 1916 年 10 月初，蔡元培偕夫人黃仲玉、長女威廉、三子柏
齡離法歸國。11 月 17 日，在杭州新市場鳳舞台舉行演講會，題目
為〈吾人所受於歐戰之教訓〉，在會中特別強調，此次戰爭為帝國主
義與人道主義之衝突，指出「帝國主義以民族或國家為單位，故德
惟知有日耳曼民族，有德意志國家，其宣言則曰世界有強權無公
理。……蓋以強人即可淘汰弱種，將來全世界之人，不難以德國管
領之。而行動之合於道德與否不顧也。人道主義以人為單位，……
不能以自己力圖生存之故，仇視國以外之人戰，……而主張國與國

---

[7]　《蔡元培全集》（浙江教育出版社，1998），卷 10，頁 221。

之人民，自相交通，聯絡情愫者。……總而言之，德以帝國主義破壞人道主義者也，法以人道主義抵抗帝國主義者也。以公例言，法終當優勝。……夫使國際間政府與政府、人民與人民共抱此人道主義，互相聯合，互相提携，則情意既合，猜嫌自泯。中國於此時，雖不致如歐所云黃禍……然立國於地球之上，而能不受人欺，蔚然獨立為一大國，斯又人道主義之終戰勝已！」[8]

　　把戰爭視為帝國主義與人道主義之間的衝突，其各自代表的典型為德、法兩國，蔡元培後來在〈我之歐戰觀〉一文中，有更透徹的發揮。這年年底，他在北京政學會的歡迎會上，發表以〈我之歐戰觀〉為題的演說。文章先刊載於《新青年》第 2 卷第 5 號（1917年 1 月 1 日），繼登載於《東方雜誌》第 14 卷第 4 號（1917 年 4 月15 日），可以代表蔡元培的整體歐戰觀。

　　歐戰的主要交戰國為德、法兩國，蔡元培久居德、法，大戰時又適逢其會，故對兩國的思想、文化、宗教等，都有深刻的認識與透徹的觀察。蔡氏先從德、法之民族性、國民之道德等方面，分析歐戰之所以能持久的原因，第一因科學發達，第二因美術之發達。其次，他認為此次戰爭，與帝國主義之消長有密切關係：「使戰爭結果，同盟方面果占勝利，則必以德國為歐洲盟主，亦即為世界盟主，且將以軍國主義支配全世界。又使協約方面而勝利，則必主張人道主義而消滅軍國主義，使世界永久和平。」[9]

　　1917 年 2 月 5 日，蔡元培對天津《大公報》發表談話，延續上文軍國主義與人道主義之論述，已預言德國必敗。他這樣說：「歐洲戰爭

---

[8]　蔡元培，〈吾人所受於歐戰之教訓〉，同上書，卷 18，頁 211-212。
[9]　蔡元培，〈我之歐戰觀〉，高平叔編，《蔡元培全集》（中華書局，1984），卷 3，頁 1-4。

之觀察……德國可謂為帝國主義之代表……法國可謂為人道主義之代表。今茲之戰，雖參與者不下十國，而其實，則德與法戰耳，軍國主義與人道主義之戰耳。從多助與寡助上觀察，德之敗也必矣。」[10]

至同年 3 月 3 日，國民外交後援會在江西會館舉行成立大會，到一千餘人，由湯化龍主席，蔡元培、梁啟超等人應邀發表演說，蔡的講詞與歐戰密切相關，大意云：「此次歐戰，實將全世界人類率入戰爭之漩渦。……以歐戰論，同盟國與協約國兩方面，一即強權論，一即扶助論也。德國可謂之強權代表，英、法、俄為扶助被侵凌之各小國而戰，故可謂之為扶助代表。故此次歐戰，謂之為強權與扶助戰也可，謂之為道德與不道德戰亦可。」[11]

中國知識分子反對強權，好講公理，無怪乎 1918 年底當歐戰結束消息傳來，全國上下欣喜若狂，知識分子無不高喊「公理戰勝強權」，蔡元培也高舉「黑暗的強權消滅，光明的互助論發展」等四大慶祝意義。

二、張君勱對歐戰的看法

張君勱（1887-1969），原名嘉森，江蘇嘉定人，先後就學上海廣方言館、震旦學院、南京江南高等學校，後赴日本進早稻田大學攻讀政治經濟，1910 年自日本學成歸國。不久，因在《少年中國》周刊發表〈袁世凱十大罪〉一文[12]，指責袁世凱「因循坐誤，一事不舉」，以致「內無整理之可觀，外啟強鄰之輕侮」，並鼓動全國國

---

[10] 高平叔，《蔡元培年譜長編》，中冊，頁 12。
[11] 同上註，頁 15。
[12] 劉紹唐主編，《民國人物小傳》（傳記文學出版社），第 2 冊（1977），頁 164。

民起而詰問袁世凱誤國之罪而遭通緝，不得不於1913年1月經俄，於3月抵德，進入柏林大學攻讀博士學位，直到1916年3月，應梁啟超倒袁救國之邀，趕回中國為止，共在歐洲停留三年之久。

在德國求學期間，恰逢歐戰爆發，相對於許多中國留學生紛紛返國以免遭受池魚之殃，張君勱卻決心留德觀戰，並把心緒轉到研究各國戰事的勝敗前途如何，而經濟學、國際法等已不再引起他的興趣了。自從歐戰開始，他買了許多地圖和書籍，每天研究戰事的進展。甚至，在牆上懸著的地圖上，按戰線的出入做標記，以顯示戰局的勝負情況。這種超乎尋常熱心的態度，引起了房東太太的注意，居然懷疑他是日本間諜。有一天，當君勱的德文老師來為他上課時，他指著報上德艦被擊沉兩艘的消息，隨口說道：「你們德國到底有多少船，像這樣一天打兩艘，豈不要糟！」突然間，房門一開，房東太太衝了進去，說：「今天我才斷定你是一個間諜！」隨即報警。由於英日同盟的關係，當時德國流傳著日本將助屬於協約國一員的俄國對德宣戰，因有此誤會。德國警察在戰時的間諜疑雲之下，仍然尊重住宅自由的原則，只守在門口，禁止他外出。等到在國內習慣於警察自由出入人家的君勱了解這是一種公民權，而主動電請警察入屋搜查，證明清白無辜之後，已經錯過了午餐的時間，終於餓了一頓。[13]

在張君勱眼中，把這場戰爭看成是中國尋求富國強兵之借鑑，甚至是躋身文明國之鑰，如江勇振所謂的「歐戰福音」。原因何在？在新武器、新戰術層出不窮，大規模、大戰區拚鬥不已的歐戰下，君勱所受的衝擊是震撼性的，他所見德國最初動員之順利，德國是有信心可以很快地結束戰爭的。在社會達爾文主義的傾向之下，他

---

[13] 江勇振，〈張君勱〉，王壽南主編《中國歷代思想家》（台灣商務印書館，1978），第十冊，頁24-25。

視這場大戰本質上為各國教育、工業與科學水準的總競爭。在他最
為深刻的德國經驗裏，他看到德國在籌畫軍事、財政問題上所表現
出來的驚人效率，以及德國人那種舉國狂熱地參戰的情形，都令他
印象極為深刻。在另一方面，這使得他認定中國在國家進化的階段
上，仍沒有資格列於近代國家之林。當德、英、法傾全力於軍事專
門技術的發展時，他發覺中國的政治組織、軍事行政、學問的獎勵、
教育的普及，在在都需要急起直追，落後何只是數百步而已。於是，
原本是一場人類大悲劇的戰爭，在君勘實用的目的下，卻一變而為
一部值得參考的天然教科書。他慨嘆力薄任重，對歐戰中外交、財
政、軍事各方面的介紹，未能盡戰事現象的萬一。他甚至希望能夠
成立一個「歐戰研究會」，分軍事、財政、外交、社會四大部門，參
加者各就所長、所好，分別從事研究與介紹。他相信，歐戰的事實
有助於掃除中國人的天下觀念，他盛讚「全國之工商家、財政家、
工程家、化學家，乃至婦女工人，無在而非助戰之人。」一場人類
的大悲劇，在他啟迪國人的最高目的之下，已經不只是一部天然的
教科書，事實上它已經等於是給予中國人借鑑的福音。[14]

三、胡適論歐洲大戰禍

胡適（1891-1962），字適之，安徽績溪人。歐戰期間，胡適正
好在美國留學（1910-17），美國對於歐戰，先則採取中立，繼因德
國實施無限制潛艇政策，而於 1917 年 4 月加入協約國作戰。在美國
做客的胡適，對於這場攸關全世界的歐洲大戰，正如美國人一樣，
不但並未袖手旁觀，甚且隨著報紙的每日報導而密切加以注視。

---

[14] 同上註，頁 25-26。

　　胡適一生堅持寫日記，從他在上海澄衷中學做學生起，到晚年出任中研院院長在台北南港中研院逝世為止，先後五十餘年，其間雖有缺寫和中斷，但總體上是完整的。[15]胡適在美國住了七年，其間大約有兩年沒有日記，或日記遺失了。《胡適留學日記》原名《藏暉室札記》，印出的札記只是五年的記錄。不過，札記有時比日記更能有條理而完整的去分析一個重大事件。

　　1914 年 7 月 26 日歐戰爆發，胡適即於 8 月 5 日撰〈記歐洲大戰禍〉一文，開宗明義即指出，「自有生民以來未有之大戰禍，今忽突起於歐陸！」他首先分析塞、奧交惡之始末，並回顧「三國同盟」（Triple Alliance）與「三國協約」（Triple Entente）形成之經過，最後結論謂，「戰事之結束，孰勝孰負，雖不可逆料」，但預言對大局的影響有以下五點：

（一）歐洲均勢之局必大變。

　　「奧國國內人種至雜，戰後或有分裂之虞。德孤立無助，……鋌而走險，即勝，亦未必能持久；若敗，則均勢之局全翻，意將為英、法之黨。而他日俄得志東歐，必復招西歐列強之忌。異日均勢新局，在東西歐之對峙乎？」

（二）戰後，歐人將憬然於攻守同盟之害。

　　「即如今之『三協約』、『三盟國』，皆相疾視甚深，多為要約以保和平，實則暗釀今日之戰禍耳。」

---

[15] 曹伯言，〈日記整理說明〉，《胡適全集》（安徽教育出版社，2003），卷 27，頁 1。

（三）戰後，和平之說必占優勝。

今之主和平者，如社會黨，如弭兵派（pacifists），皆居少數，不能有為。

（四）戰後，歐陸民黨必占優勝。

德奧之社會黨、工黨必將勃起，或竟能取貴族政體而代之。俄之革命黨或亦將勃興。

（五）此役或竟波及亞洲，當其衝者，波斯與吾中國耳。

吾國即宣告中立，而無兵力，何足以守之！不觀乎比國乎？[16]

及日本於 8 月 23 日宣布對德宣戰後，胡適復作〈歐戰之罪魁禍首〉一文。他一字不漏的閱讀《紐約時報》所刊行的英國外部關於歐戰之來往函電一百五十九件，認為這些文件皆確實可靠，並下斷語道：「據吾所觀，則奧為禍首，德陰助之以怒俄。奧無德援，決不敢侮俄也，則德罪尤大耳！」[17]

胡適在〈國家主義與世界主義〉一文中，進一步批評導致戰爭之一些學說，其一為陜隘的國家主義，「以為我之國須凌駕他人之國，我之種須凌駕他人之種（以德意志國歌為例，有「德意志，德意志，臨御萬方」之詞），凡可以達此自私自利之目的者，雖滅人之國，殲人之種，非所恤也。凡國中人與人之間之所謂道德、法律、公理、是非、慈愛、和平者，至國與國交際，則一律置之腦後，以為國與國之間強權即公理耳，所謂「國際大法」四字，即弱肉強食是也」。其二為強權主義（The Philosophy of Force），主之最力者為

---

[16] 《胡適全集》，卷 27，頁 434-439。
[17] 同上註，頁 468。

德人尼采（Friedrich W. Nietzsche，1844-1900）。其說較之達爾文「優勝劣敗，適者生存」的天演學說更為驚世駭俗，因其言曰：

> 人生之目的不獨在於生存，而在於得權力（the will to power）而超人。人類之目的在於造成一種超人社會。超人者，強人也。其弱者皆在淘汰之列，殲除之，摧夷之，毋使有噍類。世界者，強有力者之世界也。今之所謂道德、法律、慈悲、和平，皆所以捍衛弱者，不令為強者所摧夷，皆人道之大賊也。[18]

胡適在這裡所指出的國家主義和強權主義，與蔡元培前述的軍國主義是相通的，都是破壞世界和平的罪魁禍首！

四、梁啟超的德國必勝論

梁啟超（1873-1929），字卓如，號任公，廣東新會人。終梁啟超一生，沒有正式擔任過外交職務，但是他對外交事務非常有興趣，寫過不少有關這方面的文章。

歐戰初起，原是條頓民族的崇拜者的梁任公，1914年冬假館於北京清華學校，著《歐洲戰役史論》一書，旨在說明此次戰禍之由來，在結論中，梁謂：自開戰之始，嘗昌言德之必勝，且言其決勝甚速。何以故？任公完全建立在對德信心上，雖然他明知，「以英俄法聯軍之勢，其人口多於德國數倍，其陸軍兵額多於德國數倍，其海軍噸數多於德國數倍，其財力亦過德國數倍，其地勢形便亦過德國數倍」，但梁氏仍敢昌言德之必勝，理由在於：

---

[18] 同上註，頁532。

德人政治組織之美，其國民品格能力訓練發育之得宜，其學
術進步之速，其製作改良之勤，其軍隊之整肅而忠勇，其交
通機關之敏捷，其全國人之共為國家一器械而各不失其本
能。凡此諸點，舉世界各國無一能逮德者。有國如此，其安
能敗？[19]

梁任公甚至認為：「使德人而敗者，自今以往，凡有國者，其
可以不必培植民德，不必獎勵學術，不必蒐討軍實，乃至一切庶政，
其皆可以不講矣！」以上述這些讚美與論斷，梁自謂並非矯激之
言，因為他把德國看成了「今世國家之模範」。除非國家主義被消
滅，否則，「此主義苟一日存在者，則此模範斷不容陷於劣敗之地。」
不寧惟是，以德與英、法諸國戰，「無異新學藝與舊學藝戰，新思
想與舊思想戰，新人物與舊人物戰，新國家與舊國家戰。」在梁氏
眼中，當然認為德國為新，英、法、俄為舊。「使德而敗，則歷史
上進化原則，自今其可以摧棄矣！」梁任公言德國必勝的理由尚
多，如就軍數、軍食、軍器三方面言之，德之軍器勝過英法俄，軍
食不會有匱乏之虞，惟軍數不如而已，但德人求速戰速決，亦不足
為患。[20]

不過，梁啟超也看出了德國可能致敗的一個原因，那即是持久
戰。嘗曰：「若戰後持久至一兩年後，德人定無術足以自支。……故
戰役若延長至一兩年後，則德人乃處於必敗之地。」至 1915 年初，
歐戰已進行了半年有餘，德人未能速戰速決，任公的德人必勝信念

19　梁啟超，〈歐洲戰役史論〉，《飲冰室合集》專集第 8 冊（上海：中華書局，
　　1936），頁 69-73。
20　張朋園，《梁啟超與民國政治》（中央研究院近代史研究所專刊〔90〕，
　　2006），頁 123。

似已有動搖。有謂任公的轉變，受張君勱的影響甚大。是時，他有〈歐戰蠡測〉一文，文中分析討論至各國捲入戰爭為止，其蠡測為何，則不見公諸於世，此蓋失去德人必勝信心之明證。[21]

至歐戰對中國將產生如何之影響？任公亦有所論述。首先，他反駁：歐戰發生，中國因借款絕望，將以財政破產致亡的說法。他強調：「苟吾不自亡，決無人能亡我，而存亡之數，可謂與歐戰絕無關係。」最後，任公認為，「此次歐戰，不至有大惡影響於我國，而比較的反有良影響於我國。」他期許國人宜及此努力，「以造成完全國家完全國民之資格，以待他日得機而奮飛焉！」[22]

五、孫中山的「白禍滔天」觀

放眼世界，隨時注意局勢發展的孫中山，與許多知識分子一樣，早就緊密地注視著歐洲緊張局勢的進展。在巴爾幹半島戰雲密布、大戰一觸即發之際，孫中山為周哲謀所著《戰學入門》一書作序。其中寫道：「戰爭為人類之惡性，……近百年來，白種之物質進化，實超前古，而且心性進化尚未離乎野蠻，故戰爭之禍於今尤烈。當此之時，世界種族能戰則存，不能戰則亡，……我中華為世界獨存之古國，開化最早，蠻風久泯，人好和平，不尚爭鬥。乃忽逢此白禍滔天之會，有亡國滅種之虞，此志士仁人欲為人道作干城，為進化除障礙，有不得不以戰止戰者也。」[23]

---

[21] 同上註，頁 123-124。
[22] 張品興主編，《梁啟超全集》（北京出版社，1999），冊 5，頁 2,722。
[23] 廣東省社科院歷史研究室等編，《孫中山全集》（中華書局，1981-1986），第 3 卷，頁 95。

1914 年 7 月 28 日，歐戰爆發，時值孫中山於二次革命失敗後流亡日本，孫中山此際的主要目標是成立中華革命黨，聯日討袁，並認為這正是討袁革命之絕佳時機。8 月 23 日在〈約束黨員通告〉中，即明白指出：「歐洲戰禍，延及東亞，均勢局破，國亡無日；……又屬革命之絕好機會」。[24]9 月 1 日，發表〈中華革命黨宣言〉，重申「現在全歐戰雲密布，各國自顧不暇，無力及我。且世界金融機關已經紊亂，袁賊之財源既竭，餉糈自空。英雄有用武之地，正吾黨努力建功之時。」[25]孫中山在成立大會上，同時告諭黨員：「將來世界戰爭，必是白人種之爭，我希望不要只談中國或日本之一國和平，要謀求東亞之和平。」[26]

在日本對德宣戰之次日，孫中山走訪日本首相犬養毅，與談世界大勢，再次表示：東亞問題之解決，歸根結底在於人種問題。黃種人應團結對抗白種人，並稱：「刻下歐洲戰亂確為中國革命之空前絕後之良機。至於歐戰形勢……勝利終歸德國。……此時若在中國內地發生動亂，必給日本外交帶來極大好處，為此日本政府務必支援中國革命。」[27]

從上述可知，孫中山一方面嚴厲譴責已迫近的歐洲大戰，斥之為「白禍滔天」，擔心將給中國招致亡國滅種之禍，一方面又勉勵革命志士應加強戒備，準備為維護世界人道和進化而進行正義的反侵略戰爭。因為大戰開始不久，列寧就提出了「變現時的帝國主義戰爭為國內戰爭是唯一正確的無產階級口號」。孫中山的以戰養戰的含義和方式雖與列寧所提不全相同，但在此期間，袁世凱充當各國

---

[24] 《國父全集》，第 2 冊，頁 50。
[25] 〈中華革命黨宣言〉，《國父全集》，第 2 冊，頁 51。
[26] 俞辛焞，《孫中山在日活動祕錄》（南開大學出版社，1990），頁 634。
[27] 俞辛焞，《孫中山與日本關係研究》（北京：人民出版社，1996），頁 492。

在華總管，首先進行國內戰爭，推倒袁世凱這個列強總工具，然後練兵禦侮，以戰止戰，也有某種合理性。[28]

六、《東方雜誌》論歐洲大戰爭

打從奧塞宣戰開始，有關大戰爭的紀事，就一幕幕地隨著戰事的發展，在中國上演，在《東方雜誌》上演。由該雜誌主編杜亞泉以高勞筆名執筆的〈歐洲大戰爭開始〉，自 1914 年 8 月起，至 1917 年 7 月止，系列報導大戰發生的因由與經過。

起先，這場在歐陸爆發，被多數中國學者視為「亙古未有之大戰」，並未受到中國知識分子應有的重視，除了空間上的距離所產生的隔膜外，誠如傖父〈杜亞泉的另一筆名〉所言，「未參戰以前，多數國民對於歐戰，若秦人視越人之肥瘠。參戰以後，尚有少數之人，以為此事與我國無甚關係。」[29]但在《東方雜誌》大量文本的臨摹寫照之下，這個為時超過四年的重大歷史事件，對國人而言，不再成為一場遙遠的戰爭。可見大眾媒體影響力之至深且鉅！

國人好談主義，對於歐戰的起因，除了前述蔡元培把戰爭視為帝國主義與人道主義之間的衝突，胡適認為這是國家主義與世界主義之間的對抗外，章錫琛則將此次歐洲大戰爭的真因，歸咎於大日耳曼主義與大斯拉夫主義之衝突。[30]這個對戰禍起端的描繪，在言簡意賅的背後，隱喻著一個權力角逐的存在。這個「大……主義」的解釋論點，在往後的時段中，對解釋歐戰的發生，還產生了一定

28　段雲章，《放眼世界的孫中山》（廣州：中山大學出版社，1996），頁 66。
29　傖父，〈歐戰延長之原因及與我國之關係〉，《東方雜誌》15:9（1918），頁 6。
30　章錫琛，〈大日耳曼主義與大斯拉夫主義〉，《東方雜誌》14:8（1915），頁 26。

的影響。諸如高元的〈咄咄亞細亞主義〉、王世杰的〈歐戰與中國之前途〉等。[31]

　　王世杰認為，歐戰之爆發，實為歐洲四十年武裝和平之破裂，考其原因，有兩大顯著之點，其一為英德爭霸，其二為斯拉夫民族主義與日耳曼民族主義之衝突。換言之，除了英德兩大帝國主義激戰於西歐外，復有兩大民族主義激戰於東歐。俄於彼得大帝之時代，即有統一斯拉夫民族之野心，亦即以統一全俄羅斯、巴爾幹半島以及奧國之一部自任，此為斯拉夫民族主義脫胎之始。另一方面，德人亦倡日耳曼民族主義以相抗，亦即聯合德、奧、荷蘭、瑞士以及斯堪地那維亞諸國，主要在稱雄稱霸歐陸，兼以防止斯拉夫民族侵略之漸。[32]

　　至於歐戰前途與中國之關係，王世杰在文中亦有精闢之論析。他指出，歐戰以前，中國均勢之局，全寄於德、法、俄、英、美、日六強之下；歐戰發生之後，列強對華政策漸有改變之跡象，有以下幾個線索可尋：

　　（一）為日俄密約之成，含有政治侵略性質；

　　（二）為法之外交政策，漸以英為主動，而不以俄為主動；

　　（三）為美人對於中國問題，漸與日人大起正式之衝突。

　　職是之故，則未來均勢之局，或即以英、法、美三國，而與日俄相持，德人態度尚屬曖昧不明。然德苟為英法所敗，決無能力恢復東方利益。[33]

---

[31] 黃金麟，〈歷史的儀式戲劇——「歐戰」在中國〉，《新史學》7:3（1996），頁100及註12。

[32] 王世杰，〈歐戰與中國之前途〉，《東方雜誌》14:8（1917），頁174。

[33] 同上註，頁176。

　　王世杰反對「弱國無外交」（據王氏說法為無武力無外交）的說法。早在 1915 年同盟與協約雙方尚在作殊死決鬥之際，王氏便有先見之明的主張自造輿論，以為歐洲和議之預備。他認為中國必須參與和議的理由有四：

　　（一）中國參與和議之權，當向列強要求，不當僅向日本要求；

　　（二）藉列強之力，受世界公理之裁判，拒絕德人戰後之要求；

　　（三）山東問題非日本或德國所能單獨解決；

　　（四）訴諸列強之援應，要求日本正式取消民四條約之第五款。[34]

　　此時巴黎和會尚無影子，而王氏的這些洞識先見以及預謀具體解決之法的呼籲，在在顯示做為一位知識分子的遠見。王氏這些原則性的想法，部分後來都被外交部所設置的特別委員會所採納，成為中國對和會的期望和提案。

第二節　政府當局之反應

　　民國 3 年（1914）7 月 28 日，歐戰爆發，歐洲強國先後捲入了戰爭的漩渦。此時，中華民國肇基未久，在袁世凱當政下，政局動盪，財政困難，故以中國情況而言，可謂自顧不暇，實難有餘力出面干預國際糾紛，或採取積極政策趁機將境內的帝國主義勢力予以驅逐。

　　歐戰爆發之初，北京政府以其與「我國相距尚遠」，只電令各駐外公使探報其駐在國的動態或中立情形，並未立即表明態度。北京

---

[34] 同上註，頁 178-179。

當局深知，歐洲的戰爭如果無法遏止，則進行中的中國對外借款談判勢必難於成功，且恐國內危機發生，兩者同樣的影響其統治的基礎。[35]為避免歐洲戰禍波及中國，北京政府不得不採取一連串的消極對策，與各國磋商防堵戰禍與中國中立的辦法。茲扼要分述如下：

一、中立之嘗試

此舉主要為對付日本侵華野心。經過中日甲午及日俄戰爭，日本每十年即發動一次對外戰爭，且每戰必有所獲；及歐戰爆發，以為機會又臨，聲言於必要時履行英日同盟義務，加入戰團，以奪取德國在東亞及太平洋的權益。[36]

歐戰既起，中國勢不能不對大局有所抉擇，北京政府一者鑒於國力不足以與聞世界戰爭，一者鑒於中國處境如危巢之燕，乃先於8月3日，由外交部通告各國不得在中國領土、領海及英、法、俄、德、日等租借地交戰。[37]此外，袁世凱為謀求中立可行之道，曾邀集副總統黎元洪、國務卿徐世昌、外交總長孫寶琦及稅務處督辦梁士詒等人，密議應付方略，預定中立大計，並派梁士詒、孫寶琦、梁敦彥（交通總長）、李盛鐸（參政）四人，草擬中立條規。[38]條規既成，乃於8月6日公布，以為中國中立期間交戰國及中國人應行相互遵照之準據，茲錄全部條文如下：

[35] 黃嘉謨，〈中國對歐戰的初步反應〉，《中央研究院近代史研究所集刊》第 1 期（1969），頁 3。

[36] 郭廷以，《近代中國史綱》（香港中文大學，1979），頁 442。

[37] 郭廷以，《中華民國史事日誌》（中央研究院近代史研究所，1979），第 1 冊，頁 151。

[38] 岑學呂，《三水梁燕孫先生年譜》（文星書店，1962）上冊，頁 193。

第一條　各交戰國在中國領土領海內，不得有佔據及交戰行為。凡中國海陸各處，均不得倚之為根據地，以攻敵人。

第二條　各交戰國之軍隊、軍械及輜重品，均不得由中國領土、領海經過。
其有違背前項規定者，應聽中國官員卸去武裝並約束扣留至戰事完畢之時為止。

第三條　各交戰國之軍艦及附屬各艦，在中國領海內，不應停泊之口岸，經中國官員知照，而不開行者，中國得令其卸去武裝，所有船員一併扣留，至戰事完畢時為止。

第四條　第二條及第三條，所扣留之軍隊、船員，如乏衣食，中國政府當量力供給，俟戰事畢，應由各交戰國，如數償還。

第五條　凡各交戰國軍艦或附屬各艦，在中國領海內，得地方官允准停泊者，其停泊時期不得逾二十四點鐘。若遇風浪危險難以出洋，或修理損傷未能完竣，或購辦行船必須之糧食煤炭，尚不足駛至該國最近口岸之數，則應聽中國海軍統將，或地方官酌展期限，一俟事畢當即退出。

第六條　除因風浪險惡，或損壞修理外，各交戰國中一國之軍艦，或其附屬停泊於中國一口岸，或一港灣內者，同時不得逾三艘以上。

第七條　各交戰國之軍艦或附屬各艦，若同在中國之一口岸內，其後到之船，應俟前船出口經二十四點鐘後，奉有中國海軍統將或地方官之命令，方准前往。

第八條　各交戰國軍艦或附屬各艦，在中國領海內，添補一切需用之品，不得逾平時所裝之數，並不得增加其戰鬥力。

第九條　各交戰國軍艦或附屬各艦，不得在中國領海內，緝捕商船，並不得帶領所捕獲之船隻，駛入中國口岸。惟因避風，或修補損傷，或購求行船必需之物件，實出於萬不得已者，不在此例，一俟事畢當即退出。且停泊之際，不准使俘虜登岸，及銷售所虜船舶及一切物件。各交戰國軍艦或附屬各艦，若不遵照上項辦理者，中國得將被捕之船及俘虜釋放，并將船員扣留，船舶或物件一併充公。各交戰國軍隊，携帶俘虜入中國領土，或俘虜逃入中國領土內者，中國亦即將該俘虜釋放，一面扣留該軍隊。

第十條　各交戰國軍艦，專供考查學問及宗教或充慈善之舉者，不適用第三、第五、第六、第八等條之限制。

第十一條　各交戰國在中國領土、領海內，不得編成戰鬥軍隊艦隊，或設立募兵事務所。不得建立捕獲審判所，並不得封鎖中國口岸。

第十二條　各國在北京使館衛隊，及北京至山海關，各國留駐兵隊，係按前清光緒 27 年 7 月 25 日，即西曆 1 千 9 百零 1 年 9 月 7 日和約辦理。

如有不遵守前項之規定者，中國得扣留該軍隊，並卸去其武裝，至戰事完畢之時為止。

第十三條　中國人民寄居各交戰國境內者，該國不得奪其資財，不得勒充兵役。在必要時，中國派軍艦前往保護，或接載出口。

第十四條　各交戰國，有破壞中國之中立條規者，中國如以各種方法阻止之時，不得視為啟釁之舉。

第十五條　在中國領土領海內，中國人民，均不得往各交戰國充當兵役，或充當軍艦或附屬各艦水手，並不得干預戰事。

第十六條　在中國領土領海內人民，不得為交戰國治理武裝，不得供給船隻或材料及一切軍需品、彈丸火藥硝礦兵器等類，以供其交戰及緝捕之用，並不得供給款項。

第十七條　在中國領土領海內人民，不得為各交戰國探報軍情，及製作關係戰事之公文。

第十八條　在中國領土領海內人民，非經陸海軍統將或地方官允許，不得售煤炭燃料糧食於各交戰國之軍隊，及軍艦或附屬各艦。

第十九條　在中國領土領海內人民，非經地方官允許，不得為各交戰國修理或裝卸被獲船隻。并不得購買、交換、受贈、寄存該船隻及一切被獲物品。

第二十條　凡中國船舶及船上人等，對於各交戰國，應遵守其實力封鎖之各口岸條規，不得運送戰時禁制品，或遞送軍務函件，或代為運輸物品，及一切違犯戰時公法之舉動。

第二十一條　凡在中國領土領海內人民，有違犯中立條規者，若係中國人，按照法令懲治，并將違犯之物品一律充公。若係外國人，即按照條約，及國際公法辦理。

第二十二條　中國人民有違犯戰時公法，經交戰國捕獲者，悉聽交戰國法庭按照公法處理。如係交戰國之違法行為，應由該交戰國賠償損害。

第二十三條　中國船隻所載中國軍器，及一切戰時禁制品，往來於中國各口岸，及輸送其他中立國，或由其他中立國輸入者，各交戰國不得截留。中國船隻所載交戰國之尋常通商貨物，及交戰國船隻所載中國一切貨物，可以往來無阻。

第二十四條　本條規未盡事宜，中國應遵照 1 千 9 百零 7 年，各國在海牙所畫押之陸戰中立條約、海戰中立條約辦理。[39]

　　同日，袁大總統發表中立宣言，對於歐洲各國「多以兵戎相見，深為惋惜」，聲明：「此次戰事於遠東商務關係至鉅，且因我國人民在歐洲各國境內居住經商及置有財產者，素受各國保護，並享有各種利權，故本大總統欲維持遠東之平和與我國人民所享受之安寧幸福，對於此次歐洲各國戰事，決意嚴守中立。」對內飭令各省官員，督率所屬，竭力奉行中立條規，保守友邦之睦誼，並曉諭軍民人等共體此意，恪守中立義務。[40]足徵當時北京政府的採取宣布中立措施，其對內的考慮，實著重於消弭反對黨派的行動。[41]

　　上述之中立條規及中立宣言，除由政事堂分別逐電各省通令遵行外，外交部並於 8 月 6 日及 7 日分別將中立條規及中立宣言致電

[39] 《中日關係史料──歐戰與山東問題》（中央研究院近代史研究所，1974），上冊，頁 6-9。
[40] 〈發通照駐京各使照會〉，上引書，頁 16。
[41] 黃嘉謨，前引文，頁 4。

各駐外使臣及照會駐京各國公使轉達各該國政府知照。外交部先後曾收到法國、比利時、義大利、日本、葡萄牙、墨西哥、瑞典等館照會，表示中國宣布中立事已電達其本國政府。

　　袁世凱除頒布中立條規及發表中立宣言外，並於 8 月 11 日命令設立中立辦事處，以示中國對歐戰嚴守中立之決心，與對同盟及協約雙方所處不偏不倚的立場。孫寶琦、梁士詒受命籌組辦理中立事務，其大略如下：

　　（一）中立辦事處由政事堂派出三人，陸軍海軍交通三部各派二人，統率處稅務處參謀本部各派出一人，機要局派出主事三人，常川駐處辦事。

　　（二）設中立檢查處，查照中立條例第二十四條，公布戒嚴後，對於各國輸入及運送之物品，允宜詳為檢查，倘係戰時禁品，即予扣留，特飭由交通部及稅務處於各鐵路要站及沿海各關內，一律設立中立檢查分處，以執行此職務。

　　（三）注意沿海防務，分飭粵、閩、浙、魯、奉各省長官，以香港、青島、威海衛等處英德俄已宣布戒嚴，恐將來不免有戰事，應籌安謐地方，嚴防匪患，並令六省籌議聯防計畫。

　　（四）海軍艦隊重新配置，將海軍部所屬艦隊，分為三隊：第一隊，海圻、海容等十五艘分配廈門、馬口、上海、煙臺等處為海防；第二隊，建安、建威第廿三艘分配浦口、武昌、上海、九江、福州、新堤、蕪湖、岳州、江陰、長沙、宜昌、太平府等處為江防；第三，練習艦隊肇和、應瑞等分守馬江、黃埔，粵海海防則由廣東任之。

　　（五）訓飭駐外各使，對於散居各國各地華僑，應隨時商同駐在各國政府，妥籌保護。對此次戰爭，我國既宣言中立，各使館領，

應以冷靜沉默出之，不可輕加評論。國際規約，尤當審慎遵守；關於戰爭消息，逐日拍電報告。至中國將派員觀戰，預先向各該國聲明。

其餘禁止密碼電報，取締洋員歸國，檢查外人函電，停發遊歷護照，增調第十師赴魯等等，皆擬定詳細章則，逐一施行。[42]

各省奉令後，為期消息靈通，指揮統一起見，有設中立議事公所者（如煙臺），有設中立局者（如上海），有設中立事務所者（如浙江），委派熟悉軍事、政治、外交人員，辦理各項中立事務，所有人員均係就地現差人員遴選調用，不另支薪。[43]

但中國中立政策，若無大國之有力回應，將難以發生實際的效果。列強之中，美國向來對華持「門戶開放」與「維護中國主權獨立」之政策，對中國素來較為友善，乃成為北京政府尋求支持的首要對象。[44]袁世凱與北京政府注意到美國在日俄戰爭後，因日本企圖不斷在中國東三省擴大利權，曾與日本對立。此時美國尚未參戰，是中立國，因此，袁世凱欲借美國之力，阻止日本在中國領土上對德作戰。中國和日本於是展開了一場外交攻防戰。故於宣布中立之前，8月3日即派代表與美國駐華代辦馬慕瑞（J. V. A. Macmurray）接洽，請求美政府要求參戰各國應允不在中國之領土、領海及租借地內作戰。[45]8月5日，北京政府復訓令駐美公使夏偕復，向美國國務院提出建議：「此時，中國和美國政府共同忠告歐洲各交戰國，儘可能減少戰禍，不要波及東亞。」8月6日宣告中立後，復向美國作同樣之要求，且於同日請求日本政府與美國合作，幫助中國維護

---

[42] 《三水梁燕孫先生年譜》，上冊，頁 193-194。

[43] 《歐戰與山東問題》上冊，頁 53、71、90。

[44] 張忠正，《孫逸仙博士與美國》（台北：廣達文化，2004），頁 276。

[45] U. S. Foreign Relations, 1914, pp. 162-163.

中立。[46]外交總長孫寶琦並於 8 月 12 日會晤馬慕瑞代辦，對此事交換意見。[47]

　　美國對華態度雖一向甚為友善，但對此次歐戰則避免捲入漩渦，故對於中國之請求不允幫助，僅表示願與各國合作，設法使中國維護各地租界之中立。[48]這種消極態度對於中國維護中立顯然不發生效力。日本此時正欲藉歐戰之機會以遂行其獨霸遠東及控制中國之目的，對於北京政府之請求，不但不允，且責備中國不應先向美國作此請求。8 月 10 日，日本駐華代辦小幡酉吉向外交總長孫寶琦提出抗議：「關係東方平和問題[49]未先與日本商談，而先商之美國……帝國政府甚感不滿。」[50]當日，小幡又警告外交次長曹汝霖：「採取引美排日行動，其結果將引起嚴重事態。」

　　中國中立之嘗試，經美日兩國之明確反應後，即證明中國要靠美日協助維護中立已無可能。美日兩國既不願以其實力保護中國之中立，則其他德、俄、英、法諸國大戰方酣，無暇東顧，更不會協助中國。因此，中國尋求中立之保證，已因美日之拒絕而不可得。

二、限制戰區之擬議

　　歐戰發生後，北京政府衡量世局，深恐即使中國宣布中立，仍難達到維持中立的目的，因而自始就同時進行防堵戰禍的活動，其第一步即為提議限制戰區。[51]

---

[46] 王芸生，《六十年來中國與日本》（天津：大公報社，1933），卷 6，頁 46。
[47] 〈總長會晤馬代辦問答〉，《歐戰與山東問題》，上冊，頁 33。
[48] 張忠紱，《中華民國外交史》（一）（台北：正中書局，1957 二版），頁 124。
[49] 王芸生，前引書，頁 46-47。
[50] 〈總長會晤日本小幡代表問答〉，《歐戰與山東問題》，上冊，頁 35。
[51] 黃嘉謨，前引文，頁 4。

8 月 3 日，外交部電駐美公使夏偕復，命探詢美國對於歐戰的態度，是否有意出面限制戰區應以歐洲為限，以免戰事波及東亞。並分電駐俄、法、英、德、奧等國公使，探聽歐戰戰區能否局限於歐洲境內的可能。[52]此舉的用意，主要認為戰區果能限於歐洲，各交戰國當不至於在亞洲或中國境內衝突，日本也無從藉口在東亞進行戰爭，並從事侵略的行動。[53]

夏偕復先曾與美國國務卿白里安（William Jennings Bryan）洽談有關遠東地區中立的可能性，未獲具體結果。比及奉到外交部電令，他鑒於美國無意干預歐洲戰事，如僅探詢美國政府態度，或僅請其出面提議限制戰區，對方必仍答以冷靜的語句，難獲致結果，乃略為改變方式，逕自通知美國國務院，以歐洲戰事關係人道，中國大總統有意援用保和條約第三條的權利，出為排解，但在決議以前，先行徵詢美國政府態度，如果美國出面排解，中國極願合力進行。國務院對於夏偕復的建議，以美國總統尚未決定為詞，延不答覆，而美總統卻於 8 月 5 日單獨電致德、奧、俄、法、英等交戰國，表示願意於現在或將來出為調解。夏偕復認為此事美國本無定意，只因提到中國大總統擬出面調解，美國聞而先自出頭，在外交上占其先著，為謀補救計，即日電外交部建議，請由大總統迅電德、奧、俄、法、英五國元首，表示願為調解。他認為採取此項行動的利益有三：（一）使中國在列強中佔一位置；（二）戰事停止時，中國可以調解人的資格出席戰後會議，以圖保全中國無限權利；（三）以調和為第一步辦法，如調解無效，再以縮小戰區使不牽及東方為第二步，以示中國原主持人道，並非專為本身關係，俾措置較為得體。[54]

---

[52] 〈發駐俄德英法公使〉，《歐戰與山東問題》，上冊，頁 2。
[53] 〈總長會晤瑞典公使問答〉，《歐戰與山東問題》，上冊，頁 14。
[54] 〈發駐美夏公使電〉，民國 3 年 8 月 6 日，《歐戰文件檔》（一）。

　　夏偕復電陳調停戰局的建議，北京政府雖認為用意不錯，但以「我國勢弱，言必無效」，[55]仍繼續進行提議限制戰區的計畫。首先考慮的是，此事若單由中國出面提議，未必能引起各交戰國的重視，亟應聯合有關國家，共同一致行動。美國於東方既有商務關係，且前此於庚子拳亂及日俄戰爭時期，曾經宣言主持公道，素為各國尊重，是以北京政府自始就決定聯同美國採取行動。[56]當時輿論也認為唯有中美兩國與歐洲戰事一無關係，可以純守中立，並保全中立的利益。[57]其次，日本為東方的重要國家，前此日英締結同盟，原揭櫫維持東方和平的宗旨，如果東方發生戰爭，此項宗旨自難貫達，且中日誼屬鄰邦，休戚與共，北京政府因而決定於聯美外，再聯同日本行動，共同限制戰區。[58]

　　8 月 6 日，外交部分電夏偕復暨駐日公使陸宗輿，命各密詢其駐在國政府的意見，如荷贊同，再由大總統分別專電美總統暨日皇，作為中、美、日三國向各交戰國提議。[59]

　　中國提議限制戰區的計畫，經由駐美、日公使轉達駐在國政府後，中國當局獲得不同的反應。美國對於中國的建議，立即表示贊同，專候中國大總統去電，作為正式建議。[60]美國駐華代辦馬慕瑞對於限制戰區的看法，先已認為即使不能使遠東處於戰區以外，各國至少亦應維持其在華轄區中立的原則。[61]比及外交部參事顧維鈞至美使館商洽此事，馬慕瑞明白表示，與其廣泛的建議戰

---

[55] 〈發駐美夏公使電〉，民國 3 年 8 月 11 日，《歐戰文件檔》（一）。

[56] 同前檔，〈發駐美夏公使電〉，民國 3 年 8 月 6 日。

[57] 《上海時報》，民國 3 年 8 月 7 日，時評一。

[58] 〈發駐日陸公使電〉，《歐戰與山東問題》，上冊，頁 6。

[59] 同前註。

[60] 〈收駐美公使七日電〉，民國 3 年 8 月 8 日，《歐戰文件檔》（一）。

[61] U. S. Foreign Relations, 1914, Supplement, pp. 162-163.

事勿延及遠東，不如嚴限交戰國不得在中國領土及領海上從事戰爭，當更為具體而易收效。[62]交戰國之一的英國，對於限制戰區的建議，亦表示支持。英國外相葛雷（Sir Edward Grey）深恐一旦戰事延及中國領土領海，勢必引起中國騷亂，而維持中國的現狀，自於英國有利。[63]美國對於英國此種態度，極表滿意，並即秘密徵詢與中國有關的其他各國意見，希圖共同維持中國的現狀。[64]德國亦表示，只要日英不在東方挑釁，德國即不擬對日作戰，亦不侵犯英國在東方的殖民地、軍艦、或商業等項，對於限制戰區，當完全贊同。[65]

儘管美、英、德三國贊同限制戰區，日本的態度卻大不相同。8月8日晨，駐日公使陸宗輿尚未及有所行動，東京各報已將中國的前項建議全部公布，均係北京特派員所發。[66]同日稍後，陸宗輿向日本首相大隈重信轉達北京政府的建議後，大隈表示「宣言限制戰區，如他國不聽，須以兵力干涉，美總統僅以空言宣告，有何效力？各國大戰在即，尚須熟視戰機，德雖與日不表敵意，青島艦隊難免與英法衝突，日以英國同盟關係，如東方有戰，日本不能中立，且須東方德艦滅盡，海面方告和平。日必力保東亞和平，且深與中國友好。決無野心」。[67]其意圖所在，已昭然若揭。

---

[62]　〈顧參事（維鈞）赴美館晤馬代使問答〉，民國 3 年 8 月 6 日，《歐戰與山東問題》，上冊，頁 9-10。

[63]　U. S. Foreign Relations, 1914, Supplement, pp. 165-166.

[64]　Ibid, pp. 166-167.

[65]　Ibid, pp. 169-170.

[66]　〈收駐日公使（陸宗輿）電〉，民國 3 年 8 月 8 日，《歐戰與山東問題》，上冊，頁 17。

[67]　〈收駐日公使（陸宗輿）電〉，民國 3 年 8 月 9 日，同上書，頁 19。

　　日本不但不贊同中國提議限制戰區，且對中美親近甚感疑慮。8 月 8 日，大隈首相疑中國有借美兵守港之舉，而向陸公使提出質問。[68]8 月 10 日，日本駐華代辦小幡酉吉，又奉令親赴外交部質問，略謂「本國政府以中日兩國在地理上及國交上之種種問題，係遇有重要問題，均應彼此先行籌商。今貴國政府以關係東方和平問題，不先與日本電商，而先商之美國，政府甚不滿意。囑向貴政府質問，請貴總長說明理由」。外交總長孫寶琦答以「此事因有夏公使條陳，故令探詢美政府意見，嗣知美總統業經通電交戰各國調停戰事，故分電駐日、駐美兩公使，令其探詢所駐國意見，擬聯合日本美國共同提議，務期限制戰區，不致波及東方。」小幡對此答覆並不滿意，堅請外交部將致夏公使之兩次電文抄示，最後並聲稱，「自此次歐洲開戰，本國政府雖有維持和平之意，而一般國民血氣甚旺，頗有蠢動之意，故萬一生出誤會，政府迫於不得已，難保不為必要之措置」。[69]口氣咄咄逼人，不僅失去質詢本意，且形同威脅。

　　經過東京與北京兩處交涉後，北京政府探察各方面情勢，深知提議「限制戰區，已非其時」，[70]外交部除將對小幡答問內容即日電知夏偕復暨陸宗輿，俾向美、日政府作同樣的答詢外，[71]復以日來局勢已變，日本既持異議，限制戰區斷難做到，如果再為提議，不但會受到列強厭惡，且可能為人疑為中國受德國嗾使，誠屬有損無

---

[68] 同上註。
[69] 〈總長（孫寶琦）會晤日本小幡代使問答〉，民國 3 年 8 月 13 日，同上書，頁 35-36。
[70] 〈發駐美夏公使電〉，民國 3 年 8 月 10 日，《歐戰文件檔》（一）。
[71] 〈發駐美夏公使駐日陸公使電〉，民國 3 年 8 月 10 日，《歐戰與山東問題》，上冊，頁 22。

益，乃於 8 月 11 日電致夏偕復，命向美國國務院婉詞取消 6 日原電的建議，並電陸宗輿與日本政府作同樣的接洽。[72]北京政府提議限制戰區的計畫，雖曾為國內輿論支持並寄予厚望，[73]但因日本之杯葛，窒礙難行，至此遂不得不作罷論。

---

[72] 〈發駐日本陸公使電〉，民國 3 年 8 月 11 日，同上書，頁 29。
[73] 《上海時報》，民國 3 年 8 月 11 日，社說。

第二章
中國參戰之醞釀

第一節　從協約國之誘導到日本之布置

前述中國對歐戰宣布局外中立或提議限制戰區的建議，旨在追求一種消極的政策，以免除國家遭受世局牽連之困擾；然此種政策實無法阻遏日本的侵華野心，及日本於 8 月 23 日宣布對德宣戰，日軍於 9 月 2 日登陸龍口後，中國的中立即因日本的破壞而不復存在，中國為對抗日本對山東權益之攫奪，亟思藉機參戰以抵制日本侵略。

中國之參戰，前後醞釀三次，第一次純係中國政府主動，第二次則出之於協約國之誘導，第三次則來自美國的利誘。

1914 年 8 月 15 日，日本藉口英日同盟，對德提出最後通牒，要求德國立即撤退日本及中國海上之一切德國艦隊，並將全部膠州租借地，以無代價無條件交付日本，以備將來交還中國，並限於 8 月 23 日午前答覆。[1]北京當局鑒於中國處境困難，除有意進行收還膠澳外，並嘗嚴重考慮參戰問題，北京政府首先向英使朱爾典（Sir

---

1　張忠紱，前引書，頁 124。

John Jordan）建議，由中國派兵會攻青島，所有膠州灣租借地外圍的軍事行動，交由中國軍隊負責。這顯然是中國參戰的意思。朱爾典對於此項建議，並不表贊同。[2]其次，傳說北京政府曾向日本使館建議，關於膠州戰事，先由中國軍隊進攻膠州軍港，倘兵力不及，再由日本幫助。駐日公使陸宗輿則託請日本政要勸告外相加藤高明，請其及早提攜中國，使中國立即加入英日同盟，共同行動。[3]日本對此自不表同意，加藤外相且當面警告陸宗輿，中國既經宣布中立，自無參戰的理由，中國陸軍部隊及海軍兵艦，切勿輕近戰區，以免誤會。且表示日本與英進攻青島，純為東方和平起見，對中國並無野心，中國如有變亂不能自行平定時，英日可以協助弭平。至於中國民黨分子在日本的活動，日本政府也可依循中國政府的請求，協助予以取締。[4]這次的參戰醞釀終因國內無絲毫準備，日本又已發出嚴重警告，遂不敢貿然有所行動。

　　1915 年 11 月，英、法、俄三國突向中國政府提議，邀請中國參加對德戰爭。蓋此時中國因尚守中立，對德仍照付清末所訂之庚子賠款，德國即以此款在中國作危害協約國之活動，而為英、法、俄所不滿。另一方面，中國與德照常通商，亦為英、法、俄所不願，故三國乃計議引誘中國對德參戰，一者可在遠東打擊德國，一者可利用中國人力與物力。

　　袁世凱對於英、法、俄所提參戰建議，提出三項條件作為答覆：
　　1. 由協約國墊款整頓中國兵工廠，並請英法兩國專家幫助中國
　　　製造軍火，提高質量，以應協約國之需；

---

[2]　黃嘉謨，前引文，頁 11。
[3]　〈收駐日陸公使電〉，民國 3 年 8 月 28 日，《歐戰與山東問題》，上冊，頁 95。
[4]　〈總長會晤日置使問答〉，民國 3 年 8 月 28 日，《膠澳戰事檔》（一）。

2. 協約國未經中國同意，不得簽訂與中國有關之條約；

3. 上海租界不得包庇中國政治犯。

袁氏所提三條件，前二者隱含有假協約國以制日之用意，後者則顯然為對付國內民黨之反袁運動。[5]三國對袁氏三條件原則上同意，並於 11 月中旬經由三國駐日大使向日本外務省交涉。但此時日本對中國本抱乘機侵略之心，若中國參戰，勢必與協約國聯合，則日本對華將不能為所欲為，故於日本不利，乃堅決反對。加以此時之中國政府亦無此魄力，尤不敢開罪日本，英俄在大戰期中亦不敢違背日本意志，強邀中國加入作戰，故此議不久即擱置。[6]

直至 1917 年 2 月 3 日，美國因德國宣布實行無限制潛艇政策，而宣布對德絕交，國際情勢丕變。中國是否應跟隨美國的腳步對德絕交，甚至加入協約國作戰，再度引起國內輿論的爭辯及列強的關注。翌日，國務院指示駐華公使芮恩施向中國政府通報情況，但並未建議追隨美國的行動與德國斷交，事實上，這只是一種外交禮貌，美國國務院並不重視中國的反應。但芮恩施在華任職三年有餘，是一位「反日派」的外交官，對中國抱持高度的同情，一再目睹日本對華的加緊進逼控制，認為這是中國加入協約國擺脫日本箝制的大好機會。[7]即在 2 月 4 日以後的數天內，芮恩施拜訪了總統黎元洪、國務總理段祺瑞、言論界領袖梁啟超等人，鼓動中國與美國採取聯合行動。不惟如此，總統府美籍顧問福開森（John Ferguson）、英籍顧問莫里遜（George E. Morrison）、美國的中國通羅伊‧安德森（Roy Anderson，曾為美孚公司駐華代表）和一些英美在華記者，如上海

5　張水木，《歐戰時期中國對德外交關係之演變》，東海大學碩士論文（1973），頁 50。

6　王芸生，《六十年來中國與日本》，卷 7，頁 20-23。

7　張忠正，前引書，頁 278。

《遠東時報》編輯端納（W. H. Donald）等具影響力的歐美人士也在芮恩施的影響下，紛紛敦促中國接受美國的聯合行動。黎元洪總統初傾向中立，考量的是交戰各方的力量如何？美國支持協約國勝算如何？與德絕交或參戰對國內形勢的影響，這些問題使他躊躇不定。後來經福開森、莫里遜的勸說及海軍上將蔡廷幹、參議院副議長王正廷、外交總長伍廷芳的影響，雖仍有疑慮，但已逐漸接近美國的觀點。國務總理段祺瑞則提出兩項條件：一要財政援助貸款一千萬，二要保證軍事不受外國控制。芮恩施在沒有得到國務院的訓令下擅自作主，承諾將採取充分措施，使中國能承擔與美國聯合行動後的責任，而絲毫無損於中國的主權獨立、軍隊控制及一般行政管理。[8]

2 月 9 日，芮恩施的報告，使藍辛感到不安，威爾遜總統覺得相當困擾，因為駐華美使的行動遠遠超出了國務院對他的要求。藍辛在 2 月 10 日給威爾遜的信中寫道：「如果我們鼓勵這種努力，我相信我們必須準備遭到日本的反對。」於是藍辛於同日指示芮恩施，在對中國政府態度表示欣賞的同時，告訴它，沒有一個重要的中立國願與美國採取聯合行動。因此，中國應當嚴肅考慮這一情況，免得孤立。他還表示，美國現在不能對中國做出任何承諾。芮恩施像被當頭澆了一盆涼水。但芮恩施不但沒有把國務院的這份電報向中國政府轉達，反而鍥而不捨地要求國務院重新考慮給予中國保證與援助，甚至談到美國應乘機擺脫日本的干涉，褫奪日本在遠東的控制權。藍辛對芮恩施的固執己見十分不滿。2 月 26 日，他再次明確指示芮恩施：美國不能向中國提供芮恩施所擔保的援助，因為那會

8　吳翎君，《美國與中國政治（1917-1928）——以南北分裂政局為中心的探討》（東大圖書公司，1996），頁 16-17；另參閱陶文釗，《中美關係史（1911-1950）》（重慶出版社，1993），頁 37；王綱領，《歐戰時期的美國對華政策》（台灣學生書局，1988），頁 101。

招致嚴重的反對，使中國遭受它所擔心的侵略，而美國卻無力解救它。藍辛明令芮恩施勸中國不要參戰。[9]

　　藍辛的電報仍然未能說服芮恩施。他在 2 月 28 日再次向國務院抗辯，聲稱與美國協調一致是中國抵抗日本的唯一可靠的辦法。他警告說，美國若不給予援助，中國就會放棄對美國的依賴，並將做為日本的被保護國參戰。3 月 3 日，他再次重申他的理由：中國只要確信能得到美國適當的援助，是情願與美國結盟約，而中美兩國的結合，「將排除外國對中國軍事力量的控制」。在威爾遜和藍辛看來，芮恩施實在是太感情用事，太理想主義了，而他們則更多地考慮日、美在東亞的力量對比，尤其是美國不能東西兩面受敵。藍辛在 3 月 2 日和 12 日的指示中斬釘截鐵地說，既然「協約國迄今為止都同意讓日本在中國放手去幹」，美國政府也「不要求中國遵循美國的行動方針」。這就是說，倘若堅持與日本為敵，就是與所有協約國為敵，美國自然是無論如何不能這樣做的。13 日，他進一步向芮恩施明示，中國現在參戰就意味著讓日本控制中國軍隊，他要芮恩施盡量設法維持現狀。至此，芮恩施便無法再堅持了。[10]

　　4 月 4 日和 6 日。美國參眾兩院分別通過參戰宣言，正式向德國宣戰。美國正式對德宣戰後，駐美公使顧維鈞力主中國追隨美國參戰，以通過參戰提高中國的國際地位，收回喪失的各項權益。顧使判定，美國參戰，協約國必勝。他看到，參戰可使中國與美國結成聯合陣線，在未來和平會議中以戰勝國資格以美國為奧援對抗日本。為此，他於 4 月 9 日向北京段祺瑞政府發出長文專電，對民國外交格局以及未來走向做了全面而系統的闡述。電文指出：

---

[9]　陶文釗，前引書，頁 38。
[10]　同前註，頁 38-39；吳翎君，前引書，頁 20。

若我隨美入戰，則有四利：我助美戰，與美各自處於第三交
戰團之地位。彼時聯邦國須我幫助，允否在我。是我入戰後
不受人迫，仍保行動自由，其利一。聯邦國望我加入，原為
己計，我若聽之，義務必重，而權利未必多。觀於希望之款
尚難邀允，已可想見。美之於我不獨無所求，且有能力與志
願以為我助，即如經濟一端，美外部前亦言及，其利二。日
之於我，野心不戢，終必思動。我若加入聯盟，不便遽行干
涉，況自顧岌岌，更無餘力助我。若我助美之戰，美誼當還
助，且有餘力顧我防患未然，其利三。又今均勢之局破，戰
後各國如何聯合，未必悉如今日。而美國此次入戰，於聯邦
國方面聲勢浩大，戰後於國際上勢力必更見擴張。最近美國
總統宣言，亦謂美國此後須操世界政策，是其擬於戰後在國
際上大有作為，已可預料。我助彼作戰，將來國交上獲益實
屬不淺，其利四。[11]

事實上，顧維鈞也可能高估了美國對中國政府的善意，以及中
國「隨美參戰」的好處。[12]

北京政府參戰的最大顧慮在於日本的態度。日本一直密切注視
芮恩施插手中國對德外交的活動，日本從 2 月起鼓動中國參戰，當
它發現芮恩施改變態度後，就愈加起勁地慫恿北京政府對德斷交。
日本過去是反對中國參戰的，關於日本態度的轉變，日本報紙有這
樣一段分析：過去日本反對中國參戰，怕中國「將於和平會議得一
席地，而獲與日本對等之投票權，則會議處分青島等問題時，將對
日本不利」；其實，和平會議上的「發言權與投票權視國之強弱而為

---

[11] 岳謙厚，《顧維鈞的外交思想研究》（北京人民出版社，2001），頁 37。
[12] 張忠正，《孫逸仙博士與美國》，頁 280。

輕重。故中國雖獲投票權，亦不足與日本抗也。即使投票以多數取決，實際上尤有借於外交術，否則仍不能貫徹主張也。」當時和後來事態的發展，與這一分析完全吻合。日本在鼓動中國參戰的同時，與英、俄、法等國進行秘密交易，要求它們在戰後的和會上支持日本的要求，把德國在山東的權益轉交日本。日本保證對中國施加壓力促其參戰，並在地中海為英國護航。協約國家急切盼望日本做出更多戰爭努力，在 2、3 日之間先後同意了日本的要求。這樣，一筆出賣中國利權的骯髒勾當背著中國達成了。[13]

在日本壓力下，北京政府開始與協約國就參戰條件積極進行干涉，而在國內則因主戰與反戰陷入政爭，主戰派的段祺瑞圖窮匕現，採取一連串極端行動，先則召開督軍團會議，發表外交意見，繼則在國會開議期間召來暴民及軍隊包圍會場，予國會議員以生命和安全的威脅。最後，黎總統再度免除段之職位，中國政局演變至此，美國乃決定予以忠告。[14]6 月 4 日，美國政府向中、英、日、法四國發出同文照會，其中說，中國是否參加對德作戰，這是次要的事情，「對中國主要的緊迫的問題是恢復並繼續政治統一」，「美國對於中國保持一個聯合的負責的中央政府深感興趣，並衷心希望」，「各個黨派和各方面人士為重建一個合作的政府而努力」，否則，中國將失去它應有的國際地位。美國要求日、英、法等國為恢復中國的聯合和國內和平而與美國採取聯合行動。[15]

美國的照會，首先獲得法國的回應。6 月 9 日，法國表示，若其他協約國家不反對，法國願意配合，但法國並不認為中國參戰是

---

[13] 陶文釗，前引書，頁 39-40。
[14] 王綱領，前引書，頁 106。
[15] 陶文釗，前引書，頁 41。

次要之事，正確的說法是：認為中國內部的秩序與和諧是中國參加
歐戰的準備工作。倫敦方面無意介入中國的內爭，故婉拒美國的邀
請，對北京有所勸告。6 月 15 日，英國告訴美國，英國不認為中國
參戰為次要之事，而列國最好不要干預中國的內爭。[16]

　　日本朝野對美國的照會十分不滿。日本外務省直接表示遺憾，
因美國在進行此事之前，未能先與日本商量，而且美國給予日本的
照會居然與給予中國者相同。6 月 15 日，日本駐美大使佐藤愛磨向
藍辛遞交一份備忘錄，要求美國確認日本與中國具有特殊密切的關
係。日本輿論界懷疑照會係出自芮恩施的手筆，對芮氏大加撻伐，
反美情緒愈來愈強烈。6 月 11 日，《朝日新聞》還杜撰了一個美國
給北京政府的照會，混淆視聽。《每日新聞》則造謠說，美國公使給
了黎元洪 25 萬元做為反對段祺瑞的經費，公使館還在安排中國向摩
根公司借款 2500 萬元的談判。在中國出版的報紙和旅華日人也對芮
恩施的活動進行誇張宣傳，甚至無中生有地散布謠言。[17]正因為日、
英、法都盼望中國參戰，所以美國所倡的聯合行動，除了贏得黎元
洪等反戰派的感激外，並不發生任何具體效果。

　　另一方面，日本卻在此時展開一連串的外交攻勢，與列強先後
訂立密約或協定，為侵華行動作更有利的布置：

　　1. 日俄遠東協定——日俄關係由衝突而妥協，先後曾締結三次
　　　 密約。為彌補英日關係的疏遠，和對抗美國的干涉，日本外
　　　 交當局遂進行聯俄。1916 年 7 月 3 日俄國外交大臣沙查諾夫
　　　 （Sergei Sazonov）與日本駐俄大使本野一郎締結遠東政治協
　　　 定與密約，要旨如次：

---

[16] 王綱領，前引書，頁 107。
[17] 王綱領，前引書，頁 107-108；陶文釗，前引書，頁 41-42。

（1）日本國不加入對抗俄國之任何協定或政治聯合，俄國不
　　加入對抗日本之任何協定或政治聯合（協定第一條）。

（2）締結國之一方在遠東之領土權利或特殊利益，為另一締結
　　國所承認者，若發生危害時，俄日兩國協商辦法，相互
　　協助或合作，以保衛彼此之權利與利益（協定第二條）。

（3）兩締約國承認，為維護雙方重要利益，須要中國不落在
　　第三國之政治勢力之下：此第三國或將敵視俄國或日
　　本，將來遇有需要時，須開誠交換意見，並協定辦法，
　　以阻止此種情勢之發生（密約第一條）。

（4）若上條所舉之協定辦法，締約國之一須與上條所指之第
　　三國宣戰時，則另一締約國一經請求，即須援助，且兩
　　締約國在未得彼此同意之先，不得單獨媾和（密約第二
　　條）。[18]

經此協定，歐亞之俄日兩大陸軍國結為一體，明白破壞東亞的
現狀，並明白宣布中國之權利利益，為日俄兩國所壟斷，則不僅中
日二十一條日本所得之權利為俄國所承認，且因兩國所相承認之特
殊利益既無範圍又無限制，則中國所受之損害實難以估計。[19]

2. 日英、日法、日意密約──1917 年 3 月 1 日，日本與英國訂
　　立密約，英國承認戰後允許日本收領赤道以北德國所有各島
　　嶼，及承受德國在山東之權利。同日又與法意兩國訂立類似
　　之密約，作為允許中國對德參戰的條件。

---

[18] 傅啟學，《中國外交史》（台灣商務印書館，1972 年改訂一版），上冊，頁281-282。
[19] 劉彥原著，李方晨增補，《中國外交史》（三民書局，1962），下冊，頁472。

3. 日美藍辛石井協定（Lansing-Ishii Agreement）——日本與俄英法意四國均訂立密約，以鞏固其在中國山東所侵佔的權益，因鑒於日美國交惡劣，遂仿英法前例，於 1917 年 8 月派前外相石井菊次郎為訪美大使，表面上為致謝美國參戰（美國於 1917 年 4 月 6 日對德宣戰），實則欲遊說美國承認日本在華之特殊利益。石井的措詞頗為巧妙，石井說：「日本對中國之政策，既非侵略，又非壟斷，不過以地理上之連接，生出特殊關係，較他國有優越利益，猶之美國於西半球墨西哥及中美洲之有其優越利益相同。」又說：「日本從前照此主義進行，屢遭美國人民之誤解，蓋全出於德國政府造謠離間之陰謀。關於此等疑惑，須由兩國共同宣言，以為根本疏導，免再中敵人離間之計。」石井巧妙之詞，全在以地理上之連接，生出特殊關係數語。藍辛氏不察，於 1917 年 11 月 7 日，與石井發表共同宣言，此即所謂藍辛石井協定，內容大要如次：

> 美國政府及日本政府承認於領土相接壤之國家，生特殊之關係，因之美國政府承認日本在中國接壤地方，有特殊之利益。中國之領土主權，完全存在，美國政府信賴日本國屢次之保障。日本雖以地理位置關係，有上述之特殊利益，然對於他國通商，不至予以不利之差等待遇，亦不漠視中國在條約上許與他國商業上之權利。美國與日本政府聲明毫無侵害中國獨立，與其領土完整之意圖。對於在中國之門戶開放與機會均等主義，兩國聲明擁護。將來凡以特殊權利侵害中國之獨立與領土完整，或妨礙各國人民享有工商業上均等之機會者，兩國政府相互聲明，不問何國政府獲得者，皆反對之。

　　此項宣言，內容仍不脫門戶開放機會均等，但已承認與日本接壤地方，有特殊之利益，不僅違反美國過去之不承認政策，且有害於中美之感情。此項協定發表後，美國與中國輿論均激烈反對，而日本輿論則狂喜，認為日本外交之大成功。此項協定，直至華盛頓會議開會以後，才因美國之提議，申明取消。[20]

　　日本以前之所以屢次反對中國加入戰團者，蓋因日本對華別具野心，深恐中國參戰後，中國之地位改變，日本對華不能為所欲為。至此，因二十一條之簽訂，日本對華之目的已達；因日俄協定與密約，日俄兩國間之密切合作已完成；因日英、日法、日意、日美等密約或協定，日本在中國之特殊利益已獲得保障。有此三方面的布置，日本再無反對中國參戰之必要，甚至在有恃無恐的情形下，力促中國加入協約國方面對德作戰。

第二節　段內閣主張參戰

　　參加歐戰，為中國外交之一大轉機。自 1917 年 2 月 1 日起，德國宣布採無限制潛艇襲擊政策，向文明世界公然挑戰以後，美國遂於 2 月 3 日對德絕交，2 月 4 日照會我國政府及中立各國政府，聲述美國政府之立場，並謂：「如他中立各國仿行美國政府之舉動者，實於世界和平將有裨益」，中國政府乃復舊事重提，將對德問題加以嚴重考慮。中國此時之疑慮為：（1）中國對於德國之襲擊政策向未提出抗議，今竟對德絕交，其行動似不如美國之自然；（2）德國於

---

[20] 傅啟學，前引書，上冊，頁 283。

晚近對於中國頗表友好，對德絕交是否妨害中國在國際間之名譽；
（3）倘中國突然對德絕交，日本或將利用之以為強迫中國承認二十
一條要求第五號之口實，倘中國對德絕交，中國勢將整頓軍備，日
本或將乘機請求協約各國委託日本監督中國之軍事組織。[21]

因上述之疑慮，中國政府乃於 2 月 7 日電令駐日公使章宗祥以
個人身分密探日本政府意旨，並考察日本國內一般輿論。據日人小
幡酉吉之表示，渠及本野外相之意見，均認為中國應與美國取同一
態度。[22]駐華日使林權助、公使館武官齋藤季治郎與總統府日籍顧
問坂西利八郎等人亦均表示，希望中國與協約國採取一致行動。[23]同
時，中國政府當局復以三事質詢美使：（1）美國能否保障中國之兵
工廠、船塢、海陸軍隊不致為外人所統制；（2）美國能否保障中國
得於戰後正式出席和會；（3）此時加入戰爭之國家，與其禁止任何
一國與敵方單獨媾和之倫敦協定（指英、法、俄三國於 1914 年 9 月
5 日在倫敦簽訂之盟約而言）之關係若何？美使關於上述之疑問未
予以肯定答覆；但嗣因中國政府希望美國能借款中國並退還庚子賠
款以為中國對德絕交後之準備，美使乃未候本國政府訓令，於 2 月
8 日通告中國，美國必將設法援助中國，使中國能負起對德絕交後
之責任，而不妨害中國對於軍事設備及一般行政之統制權。[24]

北京政府既悉日本之意旨，復獲得美使以財力援助中國之允
諾，乃決定先向德國提出抗議，其理由有四：（1）國際公法對於弱
國頗有利益，中國理應維持公法；（2）美國素無侵華之野心，中國

---

21 張忠紱，前引書，頁 207。
22 王芸生，前引書，卷 7，頁 92。
23 同前註，頁 93；林明德，〈簡論日本寺內內閣之對華政策〉，《台灣師大歷史學報》，期 4，頁 501。
24 U. S. Foreign Relations, Supplement I, pp. 401-408.

與美國合作，對於中國自較有利；（3）中國若與協約各國合作，中國可於戰後和會中獲得發言權，尤以對於山東問題為要；（4）中國若與協約各國合作尚可自協約各國獲得種種利益。中國既已作上述之決定，乃於 2 月 9 日向駐京德使提出嚴重抗議，並謂「萬一出於中國願望之外，抗議無效，本國甚為惋惜，迫於必不得已，勢將與貴國斷絕現有之外交關係。」同日復照會美使，謂「今本國政府贊成貴公使來文（指美使 2 月 4 日之來照而言）所陳之宗旨，故與貴國政府毅然附合，取一致行動，向德國政府對於封鎖計畫嚴重抗議，本國政府並擬將來為必要之隨宜進行。」所謂「本國政府並擬將來為必要之隨宜進行」一語，依外部致美使口述書之解釋為：「倘德國政府有何舉動，使美國政府認為足與德國政府宣戰之理由時，則中國政府至少應與德國斷絕外交關係。」[25]對德抗議意味中國中立政策的突破，也為日後對德宣戰作了舖路工作。

北京政府於 2 月 9 日對德提出抗議之後，勢不能不繼續作對德絕交之準備。適 2 月中，法國郵船亞多士（Athos）號，自上海出航，於地中海附近遭德國潛艇擊沉，該船載有華工九百人，遇難者高達 543 人。此一不幸事件促成北京政府於 3 月 14 日正式宣布對德絕交。

中國對德絕交後，國內外對中德關係的下一步發展，均表示嚴重關切。在國際方面，交戰雙方皆極力拉攏中國，德國表示盼望中國能不加入戰團，協約國則催促中國對德宣戰。國內方面，對德政策有兩種對立主張，主戰派主張中國應趁勢對德宣戰，以爭取國際地位；反對派則力言中國不可輕率宣戰，以免招致後患。茲將雙方理由縷列如下。

---

[25] 張忠紱，前引書，頁 208-209。

主張參戰者之理由有下列四點：

（1）協約及參戰各國主張保衛弱小國家之權利，聽任弱小國家自行解決其本身之種種問題，此種主張有利於中國；

（2）戰後之和會必將討論有關中國之種種問題，中國應於和會中獲得發言之權利，故中國應加入戰團，援助協約及參戰各國；

（3）中國與美國之國交素稱親睦，理應與美國採取同一行動；

（4）參戰可以增加中國當局之威望與權力。

反對參戰者之理由，也有下列五點：

（1）協約及參戰各國之主張，至少對於中國未必含有誠意，以過去日本對於中國之侵略行為而論，即可證明；

（2）中國若對德國宣戰，倘若德國作戰勝利，則德國對於中國必將於戰後施行報復；

（3）德國於戰前數年中對華之行為頗為友善，大戰開始以後，德國對於中國極表好感，且善為宣傳，而協約各國在華反有種種不法行為，是中國縱助協約各國作戰，將來在和會中亦未必能得良好結果；

（4）因參戰而增加之威望與權力，或將為當局者所利用，以壓抑反對黨人，摧殘民主精神；

（5）中國無作戰之能力，參戰後，中國之商務將受影響，且中國人民素日極愛好和平，自開關以後，中國向未參加他國之紛爭。

個別而言，主張參戰最力者，在朝為國務總理段祺瑞，在野則為研究系之首領梁啟超。段祺瑞（1865-1936），字芝泉，安徽合肥人。光緒 10 年（1884），李鴻章在天津創辦武備學堂，段報考錄取，在學堂攻習砲科。光緒 13 年（1887）以最優等畢業，奉派赴旅順，監修砲台。翌年，由李鴻章選派赴德國軍校深造，曾入克虜伯（Krupp）

砲廠實習砲工。光緒 16 年（1890）秋，自德返國。因為這層關係，段對於德國陸軍的強大有深刻的認識，他和其智囊徐樹錚都深信德國陸軍天下無敵，最後的勝利必定屬於德國，因而當歐戰之初態度親德，而且主張中立。

　　段本來是反日的，當民國 4 年春帝制議起，日本提出二十一條要求，袁世凱欲對日讓步，以避免日本之干涉，時任陸軍總長的段則主張強硬，甚至秘密動員，不惜與日本一戰。[26]及民國 5 年 6 月，袁死，黎元洪繼任為大總統，段祺瑞出任國務總理後，在外交上卻逐漸走上現實主義的路線，一變以往反日作風而開始與日本接近，由「遠交近攻」而改採「敦親睦鄰」的政策。

　　段祺瑞之所以力主參戰，根據法國軍方之分析，其主要目的有三：

　　（1）中國參加歐戰，可以使中國重新列入諸強國排行；

　　（2）中國軍隊出現於歐洲，意味中國已掙脫西方征服者加諸亞洲國家之鎖鍊，並使其全權代表有權與西方外交官同桌共席，折衝樽俎；

　　（3）尤有進者，這些武備學堂出身的軍隊，經過歐戰的洗禮後，可以提供做為改善中國傳統軍隊，建立一支現代化軍隊的骨幹。[27]

　　若進一步研究，段祺瑞在前後三次國務總理任內，之所以不惜與黎元洪、馮國璋發生衝突，積極主張對德宣戰，其動機或可以「公義」、「實利」、「私心」三句話涵蓋之。就公義而言，像梁啟超主

---

[26] 岑學呂，《三水梁燕孫先生年譜》，上冊，頁 255。
[27] 法國陸軍部檔案 7N 709，〈法國駐華武官報告〉，N°80. La question de l'envoi en France des troupes chinoises, p. 2.

張對德宣戰和梁士詒之建議派遣華工助戰一樣，段之主戰旨在提高中國之國際地位，這可以說是當時舉國上下一致的願望，也是最能打動人心的訴求議題。就實利來說，段祺瑞當然不放過利用歐戰良機，尋求協約國的財政支援，以取得若干實際利益。除公義與實利之外，當然也不排除段個人的私心。段也有藉此以強化其軍事統馭體系——鞏固北洋派實力，以壓制國內反對勢力，而達到武力統一全國的夙願。[28]

梁啟超沒有正式擔任過外交職務，但是他對外交非常有興趣。梁任公原是一個條頓民族的崇拜者，他認為德國是一個了不起的民族，一個訓練有素的民族，但德與英、法、俄戰，必不能持久，可能失敗。當他看清了德國的註定失敗時，覺得參加協約國將會帶給中國外交上的利益，故主張對德宣戰。他認為中國當前的處境與意大利統一前酷似，思效法薩丁尼亞（Sardinia）政治家加富爾（Camillo Benso Cavour, 1810-1861）參加克里米亞戰爭（Crimean War）之故智，藉此以提高戰後在國際間之地位。只有參戰，始能於將來之和平會議中爭權利。

值得一提的是，在外交官當中，顧維鈞倒是力主與美國採取一致的行動，尤其他相信美國是中國真正的朋友，在二十一條期間，美國的政策與行動均足證明。顧氏回憶說：「美國參戰前，國務院與政府官員從未涉及中國參戰的可能性問題。而在美國參戰後，從我與各位高級官員，以至與一些重要的國會議員交談中，不難了解到他們都認為中國應當與美國站在一起。……這不是為了美國，而主要是為了中國。」[29]

---

[28] 林明德，前引文，頁 505。
[29] 《顧維鈞回憶錄》（北京：中華書局，1983），冊 1，頁 152。

第三節　孫中山反對參戰

相反的，大總統黎元洪、副總統馮國璋、各省督軍之大部、國務員之一部、孫中山、唐紹儀、國會中的丙辰俱樂部，以及各省商民團體，與在野名流如康有為等，多反對參戰。當 3 月 4 日國務總理段祺瑞以對德絕交中國希望之具體條件，擬具電稿訓令駐日公使章宗祥秘密通知日本政府，請黎大總統簽蓋之時，黎氏即表示反對。段祺瑞因此憤而辭職赴津，嗣由馮國璋出任調人，以黎大總統不干涉對德外交為條件，段乃返京任職。段氏返京後，上電終於拍出，且於 3 月 14 日毅然宣布對德絕交。

孫中山反對參戰的主張，主要見於《中國存亡問題》一書（出版於對德宣布絕交以後，未正式宣戰之前，係用朱執信名義出版，英日文均有譯本）。

緣民國 6 年初，參加歐戰之說，甚囂塵上，北洋軍閥欲藉宣戰以勾結東鄰，鞏固政權，喪失國家權利在所不惜，無異飲鴆止渴。時孫先生居滬致力於著作，以國際戰局勝敗尚未可知，而此項內外勾結，危機甚大，乃極力反對參戰，著述《中國存亡問題》，暢論世界大勢。先生口授要義，由朱執信執筆。書成，計分十章：（一）中國何為加入協約國；（二）加入之利害；（三）中國加入非美國宣戰之比；（四）中國加入與各國之關係；（五）大英帝國之基礎；（六）英國百年來之外交政策；（七）協商國勝後之英國外交；（八）協商國戰敗或無勝敗講和後之英國外交；（九）中國之存亡（上）；（十）中國之存亡（下）。[30]

---

[30] 孫中山，《中國存亡問題》，《國父全集》，冊 2，頁 284-328。

孫中山以極具前瞻性與國際觀的眼光，提出下列五大理由，反對參戰。

首先，一國政策既定，必先用外交手段以求其目的，外交手段既盡，始可及於戰爭。主戰者所認定參戰後可獲得增加關稅、延期賠款及修正庚子條約等利益，皆可藉外交手段得之，不必訴諸戰爭。

其次，德國較之英、法、俄等國，對我侵略較小，且自歐戰以來，德國對我向持友善，於人民亦無惡意之損害，是故中國實無對德宣戰之理由。

再者，中國之參戰主要是受美國之鼓舞，然而美國參戰之主要目的在打破德國之無限制潛艇政策，以繼續其通商，且美國有足夠參戰之實力。反觀中國，德國之潛艇政策於我幾無相干，且中國欠缺參戰之實力，實不必追隨美國之參戰步伐。

第四，英國百餘年之外交政策是以「權力平衡」為基礎，英國之欲中國參戰，亦是其「權力平衡」政策之運用；其拉攏中國，完全以利己為考量，並非視中國為其固定之盟邦，故中國實不必為英國之利益而對德宣戰。

第五，中國亦不能仰賴美國為我主持公道，因美國本於西方白種人之立場，與英、法諸國關係深厚，歐戰結束後，美國必不可能為利害無干之黃種人國家仗義執言而開罪英、法等強權。

最後，孫中山結論說，中國對於歐戰應堅持嚴正之中立立場，並開放門戶。藉歐戰期間，雙方交戰國家物資需求大增之際，中國應積極擴展對外貿易，使中外皆蒙其利，而中國亦能保持獨立之主權，此乃中國生存與發展之道也。[31]

除了著書立說外，孫中山也以實際行動力阻北京政府參戰。

---

[31] 張忠正，《孫逸仙博士與美國》，頁 286-287。

　　3月9日，孫中山電北京參眾兩院，反對加入協約國，認為一國之地位，能否上進，胥視自力。加入之結果，於中國有紛亂之虞，無改善之效。並望國會議員審察堅持，勿以中國投入不測之淵，庶幾不負國民重託。[32]同日，孫氏並電英首相勞合·喬治（Lloyd George, 1863-1945），盼勿慫恿中國加入協約參戰，以中國如參戰，適與兩國有害，不僅將見危及中國國運，亦復損及英國遠東之聲威。自中國人視之，協約國欲中國加入之一念，適為協約國自認不能與德對抗之一證也。故先生向勞氏再三說明保持中國之中立，「不獨志在保全中國，以免雜亂，亦因對於英國感情極深，有所感而發也。」[33]至6月8日，孫中山並向美國總統威爾遜拍發了一個電報，請求他運用他在協約國列強中的影響，使中國避免捲入歐戰。[34]

　　孫中山除以私人名義電英首相暨美國總統，告以迫中國入戰團之非利外，並於5月12日復書段祺瑞總理，指出「中國積弱，自有弱國應守之分，豈可不自量力，強欲參加」，如此不僅增加協約國之重累，而且為求小利而損己，將得不償失。故奉勸段氏「懸崖勒馬，徐求補救之途；否則揚湯止沸，畏影卻行，終無以善其後」，[35]阻止政府宣戰之意至明。

　　可是孫中山到廣州不久，即於8月14日向美國駐廣州總領事海因茲爾曼（P. S. Heintzlemann）透露了與美國一道向德國宣戰的意向；9月7日，胡漢民又奉孫中山之命請美國總領事將上述意向轉達美國政府，並望給予財政援助。[36]18日，孫中山咨請國會非常會

---

[32] 孫中山，〈致北京參眾兩院主張勿加入協約電〉，《國父全集》，冊4，頁477。

[33] 孫中山，〈致英相盼勿慫恿中國加入協約電〉，《國父全集》，冊4，頁474-477。

[34] 韋慕廷著，楊慎之譯，《孫中山——壯志未酬的愛國者》（廣州：中山大學出版社，1986），頁102。

[35] 孫中山，〈為對德參戰問題復段祺瑞書〉，《國父全集》，冊4，頁481-482。

[36] 韋慕廷，前引書，頁102。

議，「諮詢以後對於德、奧兩國，應恢復中立關係，抑應暫行容忍現在之交戰狀態？」結果議決對現時狀態予以「暫時容忍」，國會非常會議於 22 日又因孫中山提出之復咨，可決將「暫時容忍」改為「承認」。26 日，軍政府布告對德宣戰。曾幾何時，孫中山為什麼如此突然改變反對參戰的立場呢？

　　根據段雲章的研究，這是孫中山在國內外巨大壓力下被迫採取的行動。就國際而言，1917 年，由於美國和一些中立國之參加協約國作戰，同盟國已處於不利地位，其南方軍政府自是無從援助。就國內而言，當時雖然中國人民多反對參戰，但尚未顯示其力量。孫中山當時所希求者，一為西南軍閥的支持，但西南軍閥只反對段祺瑞依靠外援武力統一南方，護法不過是一塊招牌；一為來粵國會議員，但南下議員所組成的國會非常會議內旗幟紛亂，主張參戰者實占多數。孫中山要想得到他們的支持，勢必在主張上有所遷就。究其實，孫中山反對參戰的初衷並未改變，只不過在手段上有所修正而已！[37]

第四節　其他反戰言論

　　國民黨要人對參戰與否一度出現相反的意見。丙辰俱樂部[38]既反對對德絕交，更反對對德宣戰。馬君武因為陳獨秀在《新青年》

---

[37] 段雲章，《放眼世界的孫中山》（廣州：中山大學出版社，1996），頁 79-83。

[38] 民國 5 年 6 月 6 日袁世凱病死，7 日，副總統黎元洪繼任大總統，8 月 1 日重行召集國會於北京，沉寂三年之政黨活動，一時紛紛興起，恢復民初

中著文贊成參戰,「怒而取消其投稿之約」,不再向《新青年》投稿。國會議員馬君武等更於民國 6 年 2 月 28 日通電反對參戰,他們提出的理由有七:

（1）中國實力全無,事事被動,既加入協約,強鄰必借題干涉內政,侵害國權。

（2）中國財政困難,瀕於破產,既入戰團,種種需費。已債已多,更為他人負債,清償無期。

（3）三次革命以後,元氣未復,土匪遍地,更遇對外戰爭,內地土匪乘機而興,全國糜爛。

（4）西北回部與土耳其同種,中國既入協約,與土為敵,回族離貳,邊防空虛,何以禦之。

（5）潛水艇封鎖以後,中立國船隻皆不至,英國舉國驚惶,和平極近,中國此時加入,為協約國戰後之賠償品。

（6）即協約國戰勝,中國衰弱,無利可圖,徒自破均勢,任人處分。

（7）中國今日急務,在整理內政,自圖生存,外戰既起,法律無效,全國人心更無注意內政之暇,憲政破壞,無以立國。[39]

總之,對德斷絕邦交,加入協約,無利可圖,而此後種種禍害,不可勝言,應請全國速電政府,合力阻止,以救危亡。「丙辰俱樂

政團林立的現象。馬君武結合舊國民黨激進人士林森、居正、田桐、葉夏聲、褚輔成、白逾桓等,籌組政黨組織,定名「丙辰俱樂部」,8 月 31 日正式成立,在國會中約占 5、60 席,最能代表孫中山色彩。6 月 2 日,反對段內閣對德參戰之「丙辰俱樂部」與丁世嶧領導之「韜園系」合組「民友社」,以純民黨相標榜,為國會中最激烈之反對黨,頗為活躍。參閱秦孝儀主編,《中國現代史辭典——史事部分（一）》（近代中國出版社,1990）,頁 295。

[39] 丁文江,《梁任公先生年譜長編初稿》（世界書局,1972）,下冊,頁 511。

部」與「韜園系」合組「民友社」之後，視參戰為「中華民國之危機」，進而揭露北洋當局「借宣戰而冀推翻國體、政體，或以自保其位與權」。「民友社」的反戰態度，得到孫中山、唐紹儀、章太炎等國民黨領導者的支持和贊揚。[40]5 月 4 日，孫中山曾為此致函「民友社」同仁，強調「外交問題，為中國存亡所關，不能稍有所遷就」，勗勉同仁在缺乏武力金錢之憑藉，僅依恃國民之同意與愛國精神之下，「能持堅確之態度」，「以百折不回之至誠，處此千鈞一髮之危局。」[41]

惟反對參戰者雖多，但在政府中並無實際影響力。5 月 1 日，國務會議通過參戰案；5 月 7 日段氏向眾議院提出參戰案。10 日，眾議院全院委員會審查此案時，段氏竟師袁世凱故智，派公民請願團（三千餘人）包圍眾議院，迫其必於當日通過該案，並毆辱議員。段氏弄巧成拙，眾議院因此停止開會，並要求改組內閣。黎元洪總統於 5 月 23 日免段氏內閣總理後，引發段系的督軍八人之宣布獨立。張勳以入京調停為名，脅迫黎元洪於 6 月 12 日解散國會。7 月 1 日張勳擁宣統復辟，旋段氏擊敗張勳，於 7 月 14 日重入北京，赴國務院視事。段氏重掌權力後，自稱再造共和，對國會不再召集，於是發生法統之爭，部分議員南下抵粵，選中山先生為大元帥，為護法而奮鬥，於是形成南北對峙的局面。

北方的段政府乃於 8 月 14 日照會荷蘭駐華公使（時中德二國已斷絕邦交，德政府請荷蘭代為照料德國在華之利益）謂：「中國政府本其尊重公法，保護人民生命財產之宗旨，對此情形（潛艇襲擊政策）不能久置不顧。茲中國政府特聲明：自中華民國 6 年 8 月 14 日

40 莫世祥，《護法運動史》（台北：稻禾出版社，1991），頁 19。
41 孫中山，〈致民友會同人望堅持對外交之態度函〉，《國父全集》，冊 4，頁 480。

上午十時起，與德國入於戰爭之狀態。所有中、德兩國於 1861 年 9 月 2 日所訂中德條約，1880 年 3 月 31 日所訂中德善後章程，及現在有效之其他條約、合同或協約，無論關於何種事項者，均一律廢止。至 1901 年 9 月 7 日所訂之條款及其他同類之國際協議有涉及中德間之關係者，並從廢止。」[42]同日，中國外長照會駐京奧國公使曰：「貴國現與德國既為同一之行動，則中國政府對於德奧兩國不能有所區分。茲向貴國政府聲明，自中華民國 6 年 8 月 14 日上午十時起，本國與貴國入於戰爭之狀態。所有中、奧兩國於 1869 年 9 月 2 日所訂中奧條約及現在有效之其他條約、合同或協約，無論關於何種事項者，均一律廢止。」[43]同日，中國政府復照會駐京各國公使，告以對德、奧兩國宣戰之經過，並以大總統令將此種事實布告全國。[44]擾攘多時之宣戰問題，至此塵埃落定，中國終於加入協約國方面，對德奧宣戰。

---

[42] 〈發和貝使照會〉，民國 6 年 8 月 14 日，《宣戰案檔》（一）。

[43] 〈發奧使照會〉，民國 6 年 8 月 14 日，同上檔。

[44] 張忠紱，前引書，頁 226-227。

第三章
中國參加歐戰之經過與檢討

第一節　中國派兵參戰的交涉過程

　　中國派兵參戰，法國表現最為關切，尤以駐華使館人員最稱熱心，始終站在主動勸進地位，所以主要也以法國為交涉對象。近代以來，中國派兵參加對外戰爭，可說史無前例，故內情看似簡單，其實牽連甚廣，問題極為複雜。

　　首先，從雙方民族自尊的立場說，必須有一妥適的安排。法國向以歐洲高貴白種民族自居，雖因戰爭需要，當此危急存亡之秋，向東方的黃種中國人借兵，但心理上難免不無「兄弟鬩牆，招奴僕為助」的情結，引為民族大恥。[1] 就中國方面來說，派兵參戰自與派遣華工助戰不同，為避免重蹈「苦力」的覆轍，應以派至前線戰場，實際與協約國軍隊並肩作戰為要為榮。為此，雙方一再磋商，在名稱上遂由最初的「先鋒營」（bataillons des pionniers），改為「參戰軍」（bataillons du génie de campagne）。[2]

---

[1]　劉淑雅，〈歐洲戰爭與青年之覺悟〉，《新青年》，2 卷 2 號。
[2]　《法國陸軍部檔案》，7N 709, Le Commandant de Lapomarède, Attaché militaire,

其次，中國派兵最大的癥結，在於運輸與財政問題，而這兩大問題均非中法雙方所能單獨解決，必須有賴於與美、英甚至日本之協商。何況中國參戰僅是一種手段，旨在從列強獲得一些財政上的好處，故自然亦涉及與中國有條約特殊關係的其他列強。而單就純技術層面看，派兵數目多寡？如何徵募抽調？衣服裝備、武器車輛如何供應？也在在需要周詳規劃。

更重要者，參戰並非中國全民一致之願望，而只是少數政治人物所推動的主張，尤以段祺瑞為代表。段氏雖位居國務總理，掌握內閣實權，並獲得若干實力派軍閥之支持，但內有總統黎元洪、副總統馮國璋之掣肘，演變成多次的府院之爭，內閣屢仆屢起，使政策難以貫徹；外有國會之杯葛及在野名流之反對，在在均影響到實際參戰工作之進行。綜合上述可知，因參戰問題所引起的派兵交涉過程，是如何的曲折與錯綜複雜了。

一、參戰軍的派遣

中國派兵參戰的交涉，從民國 6 年 9 月間開始，至民國 7 年 4 月間結束，前後歷時約七個月，大致可分為三個階段加以敘述。

第一階段為初步交換意見，始於民國 6 年 9 月杪，分巴黎、北京兩處進行。在巴黎先由中國駐法武官唐豸中校與法國軍方於 9 月 29 日達成下列協議：

（一）運輸問題

經法國陸軍參謀部第四局研究結果，做出以下幾點建議：

à Monsieur le Ministre de la Guerre, Pékin le 8 avril 1918, N°80, p. 5.

1. 建議中國政府利用：

（1）中國招商局船隻

（2）開平煤礦船隻

（3）在中國港口所擄獲之德國船隻；

2. 要求日本政府協助：

以日本可用之船隻運送中國軍隊至埃及塞得港（Port-Said），由塞得港至法國則可利用法國運輸駐東方軍隊之回程船隻。但不論前者或後者，運輸費用均由中國政府支付。

（二）人數問題

視上款所提供之運輸能力而定。但不論如何，要求中國先派遣第一批四十營，以每一聯軍作戰單位有一中國先鋒營為原則，另六至七營運送至薩洛尼克（Salonique，希臘港口，為協約國軍隊在東方之基地）助戰。

（三）招募與組織問題

這些營隊以在華北招募為主，目的在使其能適應法國的惡劣天候。

軍隊幹部（包括軍官、士官）由中國現役工兵部隊中選調，其不足之額再由步兵師中補充，以節省訓練與準備時間。

每一營之人數，以一千人為度，由下列人員組成：

營參謀部：中國軍官四人，內一人為營長；法國工兵官一人；中國醫官一人；翻譯官一人；配員二十人。

四作戰連（單位連）：中國軍官四人；翻譯一人；配員二百人。

一勤務連──負責補給工作，其人數與每一作戰連同。

由於法人能講華語之人數少，不敷分配，故翻譯以中國人能操法語者為宜。

軍服、裝備由中國自理；武器、工具、車輛、馬匹與馬具等由法方供應，將來由中國政府照價償還。

以上這些單位人馬所需之糧食，與法國人員之配給待遇相同，統由中國政府照價償還。

（四）運輸梯次問題

據唐豸指出，按照上述組合情形，中國立即可以組成十營人，略經整訓後，即可陸續運輸赴歐；其餘三十營當盡快抽調組成，配合運輸能量，一面施以軍事技術訓練，一面隨時待命上船。

各營陸續運到法國或薩洛尼克後，先駐紮於基地（待成立），領取武器、工具與所需裝備，然後進入特別教練營（Camps d'Instruction Spéciaux）接受短期技術補充訓練，再開赴前線，參加作戰。

（五）成立軍事代表團問題

為成立基地，設置特別教練營，釐定作戰有關之細節與條件，中國亟需成立一軍事代表團，代表中國政府與法國參謀本部直接協調。為爭取時效，唐豸建議，由中國駐法公使利用已在法之中國軍官加以組成。[3]事實上，北京政府已於同年 8 月中旬，派遣一包括唐在禮、陳寬沆、魏鍾奇、傅嘉仁、陳廷甲等人在內的軍事代表團，赴歐訪問。[4]

---

[3]　《法國陸軍部檔案》，16N 3189；Etat-Major Général de l'Armée, Groupe de l'Avant 3e Bureau A. Note au sujet du concours militaire à fournir à la France par la Chine, Paris, le 29 sep. 1917.

[4]　《法國陸軍部檔案》，16N 3012, Le Capitaine Pelliot, Attaché Militaire P. I. en

　　巴黎的上述五項原則性協議，即由法國陸軍部長於 10 月 5 日以一封代號為 8393 B.S-3 的電報，通知法國駐華使館，做為北京談判的基礎。在北京的交涉，由段祺瑞智囊，當時陸軍次長徐樹錚與法國駐華副武官貝利歐上尉（Capitaine Pelliot）兩人擔任，於 10 月 16 日舉行。雙方達成以下五點協議：

（1）中國將提供四十營，每營一千人，即四萬人的軍隊；

（2）這支軍隊完全由志願之軍官、士官與士兵組成，在華北各省徵召，儘可能由北洋各師之現役人員中抽調；

（3）士兵之衣服與裝備，由中國方面負責；

（4）武器、設備、糧秣、車輛、馬匹等由法方供應，將來由中國照價償還；

（5）雙方同意必要時，中國派遣一軍事代表團駐在法國參謀本部。[5]

　　第二階段交涉於同年 10 月 25 日開始，由甫自東京抵任的法國駐華武官拉波馬列特少校（Commandant de Lapomaréde）與徐樹錚繼續進行。11 月 3 日，法國武官以第一階段雙方交涉所達成的協議為基礎，向中國提出第一份軍事計畫書，除尊重中國意見，將「先鋒營」改名為「參戰軍」或「遠征軍」外，並加上一款，中國軍隊無論在教練營或在戰場，完全由法國最高統帥指揮。[6]

　　11 月 22 日段祺瑞因與代總統馮國璋政見不合而去職，由段所直接指揮之派兵交涉，遂告中斷。[7]但在此期間，法方為敦促中國派

　　Chine, à l'Etat-Major de l'Armée, 2e Bureau I, Ministère de la Guerre, Pékin, le 29 août 1917.

[5] 同註 2，頁 6。

[6] 同註 2，頁 7。

[7] 同註 2，頁 12。

兵的工作並未停頓。12 月 6 日法國駐京代辦瑪德（De Martel）面交外交部一份出兵節略，內容如下：

（1）為利便中國政府決定派遣軍隊至法國戰線速入實行之途起見，法國政府現所表出之願望，係由中國政府於最短期內，選派中國軍事委員團，與法國參謀處接洽，會同研究中國遠征隊在法如何布置，如何遣調之各情形。

（2）為利便法國總司令部於預備 1918 年戰事計畫之際，量有中國軍隊加入法國戰線起見，甚願陸軍部將組織齊備，可以起程之第一批各營數目及約有預定動身時日，望為示知。

（3）為利便供給遠征隊所需經費之借款商議速成起見，法國政府甚願中國政府通知下列各節：

　甲、預算總表一份（即係遠征隊四萬人組織費，運送至法費及在法一年經費之各款清單）。

　乙、先為粗計預算分表一份（即係備齊起程第一批組織費，運送至法費及在法一年經費之各款清單）。

（4）其次所願者，係代表法國參謀部之駐京法使館武隨員，得以會同中國陸軍部所委奉有特權之代表，詳細研究遣派遠征隊之擬稿，以便立成此項遣派軍隊當然產生之軍約大綱。[8]

馮國璋上臺後，週圍充滿一片親德之聲，法國代辦與武官見情勢不妙，遂請求晉見馮國璋。12 月 19 日，馮國璋接見瑪德代辦及陸軍武官，對於派兵事宜議定下列四項辦法：

（1）中國對外政策毫無變易，運兵一項，自當繼續進行。

---

[8]　〈收法瑪代使面交出兵節略〉，民國 6 年 12 月 6 日，《派兵赴歐案檔》（中研院近代史所藏）。

（2）運兵經費最關緊要，而中國最為困難，目前美國貸款尚未商
定，唯一切應有計畫自可預先籌備，俟靳雲鵬返京委與法國
陸軍隨員磋議辦法，以唐寶潮佐之，並派唐在禮為駐法軍事
委員，隨時與法國參、陸兩部接洽派兵事宜。

（3）派兵一事，如求迅速實行，莫如以雲南唐督軍部兵先行抽派
二萬人赴法，大總統深知唐督軍實無對抗中央之意向，由法瑪
代辦致電雲南法領事，以此事探詢其意旨，如果唐督軍亦以為
然，中央即可明令派遣，則軍裝現存，需費少而起程速矣。

（4）中國所處地位，亟應解決國內紛爭，勉為協商國助力，大總
統鑒於俄國紛亂不已，協商各國受其影響已非淺鮮，中國若
再糾紛不決，則協商方面更少援助之力，所以通電各省，冀
以早息爭端，一致對外，惟中央意在和平，各省亦未嘗不然，
特中央之誠意各省或未能體會，苟由協商各國駐華各地領事
隨時以自動意思向軍界重要人陳述中央誠意，則感應較速，
下星期一協商公使會議時，瑪德代辦允當以此層轉達領袖公
使朱爾典提出討論，如僉以為然，當即照辦。[9]

　　法方所關心者，為馮國璋對派兵一事所持態度，而於北京政府
擬指派雲南唐繼堯部前往，並無興趣。此外，這次晉見，法代辦並
獲得馮國璋兩項具體承諾：

（1）任命已在法國的唐在禮將軍為駐法軍事委員團團長，駐紮法
國大本營（G. Q. G.）；

（2）成立「督辦參戰事務處」，在與法國武官協調下，負責詳擬
一份「軍事協定計畫」（Projet de Convention Militaire）與

---

[9]　〈收大總統接見法瑪代辦及陸軍隨員譚定事件〉，民國 6 年 12 月 24 日，《派
兵赴歐案檔》。

一份「遠征軍預算計畫」（Projet de Budget du Corps Expéditionnaire）。[10]

馮國璋在情非得已下，遂任命段祺瑞督辦參戰事務，因此中、法派兵交涉又告恢復，也進入了第三階段。

第三階段的交涉始於 12 月 18 日段氏奉命督辦參戰事務之後，至翌年 4 月間結束，這是歷時最長，也最深入細節討論的一段交涉。在法方獲悉段奉命督辦參戰事務之後，即迫不急待地由法國武官當面交給段一份「軍事協定計畫」、一份「遠征軍預算計畫」以及一個要求儘快派遣第一批參戰軍的照會。段很樂意雙方繼續交涉，並指定唐寶潮為其聯絡人，代為安排一切。[11]

民國 7 年 2 月 25 日，北京政府公布「督辦參戰事務處組織令」，載明參戰督辦直隸於大總統，綜理國際參戰事務，其下設參謀、外事、軍備、機要四處。[12]3 月 1 日，督辦段祺瑞依據該處組織令規定，任命下列人事：

參謀處——處長靳雲鵬；

外事處——處長陳籙；

軍備處——處長羅開榜；

機要處——處長張志潭。

並聘定各部總長為參贊，各部次長為參議，設機關於將軍府，「督辦參戰事務處」於是正式成立。[13]

「督辦參戰事務處」自 3 月 1 日成立之後，所承辦關於參戰之事務，有出兵海參崴、駐軍滿洲里、分防恰克圖、保護東清鐵路等，

---

[10] 同註 2，頁 12。

[11] 同註 2，頁 13。

[12] 《政府公報》，民國 7 年 2 月 26 日，第 732 號，頁 531。

[13] 《東方雜誌》，15 卷 4 號，頁 206。

然最重要者厥為出兵歐洲之交涉。第三階段之交涉主要由法國武官與靳雲鵬兩人負責進行，其討論重點在以下三項計畫：

（一）軍事協定計畫（Projet de Convention Militaire）

按參謀處長靳雲鵬所擬之「軍事協定計畫」重點如下：

（1）承認中國派遣軍受法國總司令之指揮，並在特別教練營先行接受訓練；

（2）參戰軍由北方各省以志願方式甄選年輕人參加；

（3）參戰軍全部包含一司令部及四十八個營，司令部包括五十五位軍官及二四八名戰鬥人員。

此一計畫所包含人員較法方原計畫為多，除司令部明顯超出外，四十八營共計一五四八位軍官，四萬四千九百零八名戰鬥人員。

其次，勤務組織也與法方原計畫有出入。法方原建議每一營有一勤務連，中國計畫變成每四營有一勤務連，比原計畫減少四倍。故法國武官表示反對，仍希望照法國原案進行。

關於軍隊之抽調組織，靳雲鵬表示無法在三個月期限內完成。

此外，靳雲鵬並建議，合四營為一旅，三旅或十二營為一師，以便利指揮。法武官認為這與面子問題攸關，如果此一建議被採納，中國即可多派幾位高級將領前往法國，並擴大合作計畫。為此，他未便表示意見。

靳雲鵬又提議設立若干服務性或專業性之小隊，包括：

四憲兵連——即每師一連，共十六位軍官及二三六名士兵；

四衛生連——亦每師一連，共二二八位軍官及一千七百七十二名士兵；

四通信連——第一連負責電報、電話，第二連鐵路，第三連航空，第四連橋樑，以上四連共軍官六十九員，士兵一千四百五十二名。

上述四通信連在法國受訓，並領取應有之裝備。

為使抽調與組織工作進行順利起見，靳雲鵬並設想到四個應用學校——軍官學校、士官學校、衛生服務學校、經理學校的運作功能問題。

（二）遠征軍預算計畫（Projet de Budget du Corps Expéditionnaire）

1. 法國武官計畫

（1）全額計畫

以一年為期，四萬人估計，包括去程旅費，全部費用為 35,993,392 銀元，其中以三分之一（14,755,015）做為中國政府在華抽調組織軍隊之用，其餘約三分之二做為法國運輸及購買工具之用。

（2）減削計畫

為解決財政問題，故另提此一減削計畫。若以第一批一萬人為計，其年預算（包括軍隊組訓與去程運費）為九百萬銀元。為使這一萬人能在三個月內組織成行，其所急需之款將不超過一百五十萬銀元。

2.督辦參戰處計畫　　　　　　　　　　　　　單位：銀元

（1）司令部與四師全部預算　　　　　45,330,237

（2）勤務連預算　　　　　　　　　　 2,188,069

（3）憲兵連等預算　　　　　　　　4,107,673

（4）應用學校預算　　　　　　　　1,077,849

共計　　　　　　　　　　　　52,703,828

　　兩相比較，督辦參戰處所擬之預算，比法國武官所擬之預算超出一千六百多萬銀元，所以超出之原因有下列幾點：

（1）遠征軍人數較原定者超出五、六千人；

（2）軍官與士兵待遇較法方所訂為高；

（3）增設服務性兵種，並增列飛機、汽車等工具之購買預算；

（4）寬列應用學校之經費。

（三）財政協定計畫（Projet de Convention Financière）

　　做為中間人的法國公使館，一者要尊重美方嚴格控制預算之原則，一者為顧及中國政府當局之顏面，特由武官製作一份「財政協定計畫」，分別交給督辦參戰處及美國使館，其要點如下：

（1）美國政府予中國之貸款，分別在北京與巴黎各開一戶頭，在北京選定一美國銀行，開美金戶頭，舉凡一切在中國之費用由此戶頭開支；在巴黎所選定之銀行，開法郎戶頭，負責支付一切在法國之開銷。

（2）在中國之開支，交由一個五人組成之參戰軍預算委員會管理，其中必須有兩位外國人，一為法國武官，一為美國武官。支票必須有委員會全部委員之背書始能兌現。在法國之情形亦同。以此方式監督貸款之使用，督辦參戰處並無異議。[14]

---

[14]　同註 2，頁 16-21。

二、財政與運輸問題之討論

中國派兵參加歐戰之事，主要取決於美國之財政援助，而能否獲得美國之財政援助，中法兩國政府同表關切，因此多方努力進行。

自 1917 年 4 月起，段祺瑞即一再告訴美國公使芮恩施（Paul S. Reinsch），中國政府願提供協約國所需要之一切人力，希望美國給予兩億元之財政援助。美國政府對此一建議極表同情，並一度考慮予以五千萬元之借款。[15]為敦促中國參戰，美國公使芮恩施與國務卿藍辛（Robert Lansing）均曾向中國暗示將提供財政援助。[16]中國駐美公使顧維鈞亦曾向北京政府報告，美國將以二萬萬銀元借予中國。可是後來美國方面又以中國宣戰過晚，美國以財力援助協約及參戰各國的議案早經通過為由，謂中國不得享受該案規定之待遇。[17]

美國財政貸款予中國能否成功，除華府政策考慮外，美駐華公使芮恩施是個關鍵性人物。芮氏於民國 2 年 11 月 17 日到任呈遞國書，民國 8 年 8 月 16 日辭職返美，計在我國任職歷 5 年又 9 個月。[18]他歷經袁氏帝制、張勳復辟、中國對德、奧宣戰、中國拒絕對德和約簽字等一連串大事，對於中國政情甚為瞭解，在中美外交關係方面也扮演舉足輕重的地位。

1917 年 1 月 31 日，德國宣布無限制潛艇政策，立刻引起中立國不滿，美國率先於 2 月 3 日對德絕交，並要求其他中立國政府仿

---

[15] Madeleine Chi, China Diplomacy, 1914-1918 （Harvard University, East Asian Monograph, 1970）, p. 129.

[16] Foreign Relations, 1917, Supp. I., p. 421, pp. 431-432, pp. 446-447.

[17] 張忠紱，前引書，頁 234。

[18] 姚崧齡，《芮恩施使華紀要》（傳記文學出版社，1971），頁 7。

行，同時正式邀請中國參與對德絕交。芮恩施於此關鍵時刻，曾先後訪謁總統黎元洪與國務總理段祺瑞，加以勸說，甚至提出給予千萬美元貸款及減輕庚子賠款等優厚條件，令北京政府於對德宣戰一事頗為動心。[19]

但當督辦參戰處即將成立，參戰軍呼之欲出，法國代辦於 1918 年 1 月 29 日向美使建議，洽談先撥款給中國的細節時，芮恩施卻有意迴避。美國公使前後兩種截然不同態度的表現，純是美國政府的意見反映？抑係其個人目擊中國政局後的猶豫？或僅是外交官不置可否的傳統作法？據法國武官分析，芮氏之所以對美國先撥款一事不表熱心，有幾點深遠的理由：

（1）家庭顧慮：從姓氏本身看，芮恩施祖籍德國，其夫人乃一歸化美籍的德國女子，與他同住之岳母則尚未入美國籍。因此，從家庭關係看，他無法像法國人對待德國一樣，有敵愾同仇之心。

（2）出身背景：芮氏乃學者從政辦外交，充滿民主理想，對北方軍人之解散國會，走向獨裁統治，欠缺好感。

（3）交友關係：芮氏與受過美國教育、代表南方色彩的外交總長伍廷芳交往密切，而伍與段祺瑞有嫌隙，芮氏看中國問題往往受到伍廷芳觀點的影響。[20]

民國 7 年（1918）2 月 6 日，駐美公使顧維鈞往訪美國務院，商催借款事宜，美國務院答應將此案提交國務會議，並擬以協助中國維持門戶開放為主，即以此項借款為第一步。顧使認為開放門戶固是要圖，但不如先將借款事辦妥，並向美國務院建議，借款一事

---

[19] Paul S. Reinsch, An American Diplomat in China（London, 1922）, pp. 242-244.
[20] 同註 2，頁 23-24。

須無條件、無抵押,「應與英等一律待遇,免以歧異,授人口實」。美國務院答以「可表同情」,然白宮財部認為中國多故,不易遣兵赴歐,故對中國事不甚熱心。[21]

除中國公使所做之努力外,法國駐華盛頓大使茹色蘭(Jean-Jules Jusserand)亦敦促國務院貸款予中國。美國務卿回答謂,美國政府對貸款予中國以遣軍赴歐一事甚表支持,但必須等到巴黎「最高戰爭委員會」(Supreme War Council)[22]對此問題表示意見後,始作決定。因此,法國總理特致函法國駐凡爾賽「最高戰爭委員會」代表,密切注視該委員會之討論結果。[23]

「最高戰爭委員會」在美國代表克羅斯比(Oscar Crosby)主持下,討論法國的提案。法國政府原擬答覆中國政府謂,由於運輸工具的缺乏,使得中國所提供的支援無法接受。委員會贊同此一看法,但建議使用較禮貌的措辭,除明言對中國政府之感謝外,並表示派軍之議尚在斟酌中,將送「聯軍運輸委員會」(Commission Interalliée des Frets)研究辦理。[24]至此,美國拒絕貸款予中國,即有良好之藉口。但茹色蘭並不放棄,於接到法外長訓令後,於2月間再訪國務院重施壓力。國務院表示,他們雖然從政治利益的觀點上贊同中國之派軍參戰,但財政部強烈反對貸款予中國做次要之用途。[25]這與國務院之答覆顧維鈞公使,可謂如出一轍。

---

[21] 〈收駐美顧公使電〉,民國7年2月12日,《派兵赴法助戰檔案》。

[22] 由英、法、義等國總理及一位政府官員組成,旨在協調協約國之一般政策,統籌各國資源,並作最有效之運用,以應付戰爭以來之各種軍事危機。參閱 Charles Seymour, American Diplomacy during the World War (Connecticut, 1964), p. 234.

[23] 《法國外交部檔案》,E22-14, Télégramme de Jusserand, 12 janvier 1918.

[24] 《法國外交部檔案》,E22-14, Télégramme de Paul Cambon, 15 janvier 1918.

[25] 《法國外交部檔案》,E22-14, Télégramme de Jusserand, 23 février 1918.

在等待美國財政部支援過程中，法國駐華武官拉波馬列特表現最為積極熱心，他分析美國對中國派兵參戰之所以反應冷淡，可能係受到美國公使的影響。美國既不願立刻貸款予中國，他建議法國政府應責無旁貸，立即貸予中國第一期必要之款一百五十萬美元，做為抽調一萬名中國軍隊之用。[26]法國代辦瑪德也支持這個意見。法國總理則表示，在運輸問題沒有根本解決之前，法國政府若採取此項財政支援，在時機上並不相宜。[27]

運輸與財政問題乃一體之兩面，互有關聯，同樣棘手難以解決。法國最初構想，擬利用中國民營船隻或所擄獲之德國船隻，事實上窒礙難行。法國駐華盛頓大使茹色蘭曾謂，俟法國向日本訂購之四艘船建造完成後，可用以運輸中國軍隊赴歐。[28]法國甚至有意利用日本船隻運輸。根據法國海軍武官之研究，日本擁有三千噸以上之商船約二百艘，總噸數高達九十萬噸，如日本願犧牲其商業利益，以半數的噸位做為運兵之用，加上日本現有海軍之幫忙，當可在兩個半月內運送三個師軍隊到歐洲。[29]

英國政府自始即對中國派兵參加歐戰之計畫不表歡迎，海軍部曾警告外務部說，由於船隻缺乏，此一計畫不應受到鼓勵。外務部一位低層人員甚至指出，「沒有比遣送中國軍隊到歐，更難以想像在時間、麻煩、裝備、金錢和噸位之更大浪費。」外務大臣巴爾富（Arthur Balfour）更認為此一計畫「愚昧」（idiotic）與「毫無

26　《法國外交部檔案》，E22-14, Télégramme de Lapomarède, 10 février 1918.

27　《法國外交部檔案》，E22-14, Lettre du Président du Conseil au Ministre des Affaires Etrangères, 10 mars 1918.

28　Madeleine Chi, op. cit., p. 129.

29　《法國外交部檔案》，E22-14, Télégramme d'Attaché Naval à Marine, Paris, le 16 janvier 1918.

見識」（insane）。[30]英國政府基本上主張，應以全部可用之噸位優先運送美軍赴歐作戰，故明白反對於此同時分力運輸中國軍隊到歐。[31]

運輸問題遲遲難獲解決，寖假成為美國務院反對貸款予中國之擋箭牌。最後，此一問題提交法國「輸入執行委員會」（Comité Exécutif des Importations）討論解決。在 2 月 23 日的會議上，該會對此問題作了兩點原則決定：（1）運送中國軍隊事，無法列入 1918 年第一季實施；（2）限於運輸能力，1918 年的第二季恐亦無法達成願望。[32]至 3 月 28 日，「輸入執行委員會」又於通過西北非與法國的運兵計畫會議上，再度聲明，由於運輸中國軍隊到法國所需來回時間過長，無法列入實施計畫；並指出，中、法之間的派兵交涉，唯有在中國本身負責解決軍隊與糧食的運輸問題後，始有續談的可能。[33]4 月 3 日，法國總理即據此正式知會外長，告以因「輸入執行委員會」上述之決定，使中、法合作派兵計畫無法實現，雖然明知法國對中國的影響力將受損害，亦不得不忍痛放棄，並請外長轉知駐華公使。[34]至此，交涉多月之派兵問題，由於美國不能提供原定之財政支援，法國無法解決運輸問題，再加英國之反對，終於胎死腹中。

---

[30] Madeleine Chi, op. cit., p. 130.

[31] 《法國外交部檔案》，E22-14, Télégramme de Jusserand, 23 février 1918.

[32] 《法國外交部檔案》，E22-14, Ministre du Commerce et des Transports Maritimes, près du Comité Exé. des Importations au Ministre de la Guerre, 2 mars 1918.

[33] 《法國外交部檔案》，E22-14, Ministre du Commerce et des Transports Maritimes au Président du Conseil, 3 avril 1918.

[34] 《法國外交部檔案》，E22-14, Président du Conseil au Ministre des Affaires Etrangères, 3 avril 1918.

三、小結

中國派兵參加歐戰的交涉，在中國外交史上或中、法關係史上雖不是頂重要的一頁，但卻有它意義深遠的一面。

從法國方面來說，法國軍方事前並未高估中國軍隊的作戰能力，也不敢奢望因中國軍隊之參戰將帶給協約國軍隊多大助益，但他們仍然熱心促成，其著眼點有三：

（1）宣傳的意義多於實質的意義。因為中國派軍成行，是最好的反德宣傳，既可使中國與德國之間劃下一道鴻溝，也可順便拉攏中國，使其在遠東擺脫日本的影響；

（2）政治的利益多於軍事的效益。可透過軍事的協定，以加強與段派在政治上的合作；

（3）未來的前景多於當前的關係。擴大未來多層面的合作關係，從軍事、政治到工業產品，法方都感興趣。[35]

總之，中國派兵參戰交涉失敗，對法國而言，是一個「失面子」之事，也顯示在外交上法國亟欲與中國建立連繫的失敗。

就段祺瑞而論，他之所以極力主張參加歐戰，不外「公義」、「實利」與「私心」三層目的。派兵交涉的失敗，對他而言，不僅顏面無光，而且坐實對外「宣而不戰」，對內「戰而不宣」，想借參戰以武力統一中國的指責，百口難辯！不過，吾人從前述交涉過程看出，無論段祺瑞也好，不管徐樹錚、靳雲鵬也罷，都一本正經的認真討論，鄭重其事的交涉，確實想真正派軍參戰，以提高中國的國際地位，而看不出有藉故拖延、敷衍之情事。

---

[35] 同註2，頁32-37。

　　所憾者，由於段祺瑞爭取美國財政支援不成，最後轉而接受日本的西原借款，改變以後中國的外交態勢，加強日本對中國的控制和操縱，影響何等深遠！

第二節　華工參加歐戰

　　中國派兵參加歐戰，前後雖曾醞釀多次，但因種種顧慮並未真正履行，後來則改弦易轍，與協約國採取另一種形式的合作，此即派遣近二十萬華工赴歐助戰。

　　歐戰期間，協約方面之法、英、俄三國因國內壯丁大多調赴前敵，廠工缺乏，農務廢弛，於是先後到中國招募華工前往，或任木材砍伐，或在鑛山工作，或參與軍火製造，或支援後勤運輸，於上述三盟國人力資源之補充，乃至歐戰之獲得最後勝利，均有不可磨滅之貢獻。

一、「以工代兵」——華工遣派動機之分析

　　及歐戰爆發，協約國人力大感不足，尤以法國情形最為嚴重，[36]所以法政府不得不鼓勵外國工人入境。緣當時法國當局已有認識，歐戰恐非短時間內可以結束，為期持久抗戰計，前敵戰鬥固然重要，後方生產補給尤不能忽視，故一方面徵募歐洲諸國，如義大利、希臘、葡萄牙等國之工人，一方面亦招用非洲與安南等殖民地工人。並

---

[36] Judith Blick, The Chinese Labor Corps in World War I, Papers on China, IX（Center for East Asian Studies, Harvard University）, p. 112.

因法國駐華公使康悌（M. A. R. Conty）指出招募華工之可行性，[37]遂將華工亦列為招募之對象。

　　法使康悌奉得政府之命後，即與當時中國政壇最具影響力之人物——梁士詒接洽。梁氏，號燕孫，廣東三水人，歷任郵傳部大臣（署），交通銀行總裁，時為稅務處督辦，在財政、交通、實業各界均居舉足輕重之地位，素有「交通系首腦」、「二總統」、及「五路財神」等之稱呼。時梁氏雖因交通大參案遭受株連而遁居西山，但仍握實權；在外人心目中，其信用亦不稍減。

　　法使之提議，觸發梁氏之靈感，為爭取中國他日之國際地位，遂有「以工代兵」之構想。梁氏之主要考慮有三：（1）以中國當時的財力兵備，不足以遣兵赴歐，如以工代兵，則不獨國家可省一筆海陸運輸餉械之鉅額費用，且參戰工人亦有工資可拿。換言之，中國不費分文，可獲戰勝後之種種權利。（2）歐戰以法國為最前線，法國壯丁既少，傷亡尤甚，則需要華工應以法國為最急，如派遣華工，應先與法國簽訂優待條約。（3）是時中國尚在中立時期，既不袒德，亦不應袒法，斷不能由我政府與法政府直接交涉，只可由商人出名，代政府負責，於契約上亦不能有片言隻字以工代兵，以免德國報復，及殘害我國海外華僑。[38]

　　這是梁士詒基於國家立場，從政府觀點出發，為使中國脫離孤立狀態，並提高戰後中國之國際地位，而擬定的一套「以工代兵」參戰原則；同時，亦可視為中國參戰之議屢遭日本壓制後的一種變相參戰行動，其用心頗為良苦。

　　除了政治動機外，經濟的因素當也在考慮之列。此外，旅法多年的李石曾亦從民族長遠立場，促進社會近代化之觀點，極力贊成

---

[37] Judith Blick, op. cit., p. 112.
[38] 《三水梁燕孫先生年譜》，上冊，頁 189-190。

派遣華工出洋。「李氏本在法國學農學，由農學而研究生物學，由生物而研究拉馬克（Lamarck）的動物哲學，又由動物哲學而引到克魯泡特金（P. A. Kropotokin）的互助論。贊成華工出洋，亦是以互助論為根據的。」[39]李石曾認為此事若辦理得法，可裨益於我國人者有三：一曰擴張生計；二曰輸入實業知識；三曰改良社會。[40]改革中國社會，促成世界大同，素為李氏畢生努力之目標。吳稚暉曾說：「李先生何以如此熱心，把中國幾十萬華工招來法國，李先生是要這些人來法國，看見法國如此美麗，如此有秩序。只要每一來法華工回家後，能改良一個廁所，一個廚房，也就夠了。」[41]

總之，根據李石曾、蔡元培、吳稚暉這一群知識界領導者的瞭解，「法為文明之邦，工廠林立，製造精良，土地膏腴，農務發達」，[42]華工藉此機會除一遊西歐外，「既可稍事積蓄，兼可增長見聞與普通知識，將來歸國於實業之發達，及社會之改良，均大有裨益也。」[43]事實上大多數應募出國之華工，既不明白戰爭之性質，也無法體會袞袞諸公借箸代籌之深意，只不過追求較高之工酬與一筆看來還算優厚的安家費罷了。

二、華工的英勇表現

華工工作地點幾遍法國全境，如造船廠與口岸搬運公司等在大西洋岸及地中海海邊，西起布勒斯特（Brest），南抵馬賽（Marseilles）；

---

[39] 蔡元培，〈五十年來的中國哲學〉，引自郭湛波，《近五十年來中國思想史》（北平人文書店，1935），頁 359。

[40] 〈李石曾之移民意見書〉，《東方雜誌》，14 卷 7 號（1917 年 7 月），頁 173。

[41] 《李石曾先生紀念集》（中國國民黨黨史史料編纂委員會，1974），頁 229。

[42] 〈收惠民公司秉〉，民國 5 年 5 月 4 日，《惠民公司招工檔》（一）。

[43] 王子方，〈嘉布多拿克照料華工一月記〉，《東方雜誌》，15 卷 6 號（1918 年 6 月），頁 54。

火藥廠、砲彈廠等則在內地各處，從盧昂（Rouen）到勒克勒佐（Le Creusot）。其地北至戰線附近，自阿哈斯（Arras）到凡爾登（Verdun），南達馬賽、土龍（Toulon）及西班牙邊境，東抵瑞士國境，西及大西洋，地段十分遼濶。[44]在英軍麾下服務之華工，約四分之三分發在法國海口之卡萊（Calais）、鄧寇爾克（Dunkerque）、布魯恩（Boulogne）、地浹泊（Dieppe）以及哈佛爾（Le Havre）等地段。[45]大致而言，華工分配在法國北部工作者，約佔其總數一半以上。[46]

英法招募華工前往西歐戰地，非為充當兵丁，故其工作性質可分兩方面敘述之。

其為無技藝之普通工人，多在船塢上下船貨，搬運子彈、食物，[47]或砍伐樹木、開採煤礦，或為修建火車道、解送糧草，[48]或用以掘埋屍體[49]、挖掘戰壕，[50]其他尚有推車扒土、裝煤守火、打掃使喚等純屬體力之活動。[51]以法國嘉布多拿克（Capdenac）一地為例，華工所從事之項目有（一）修築鐵道；（二）收拾火車頭，並擦油刷洗除灰裝煤；（三）修理火車，並裝卸貨物。[52]

---

[44]　〈李駿第二次報告〉，《惠民公司招工檔》（五）。Ta Chen, Chinese Migrations, with special Reference to Labor conditions （Washington Government printing office, 1923），p. 143.

[45]　〈華工在法情形〉，《東方雜誌》，15 卷 8 號（1918 年 8 月），頁 151。

[46]　P. Wou. Les Travailleurs Chinois et la Grande Guerre, p. 15.

[47]　〈華工在法工作情形表〉，《東方雜誌》，15 卷 12 號（1918 年 12 月），頁 198。

[48]　〈華務司莊奉駱大臣諭轉發傳單〉（民國 5 年 10 月 11 日），《英招工》（二）。

[49]　Chow Tse-Tsung, The May Fourth Movement （Stanford University Press, 1967），p. 38.

[50]　李長傅，《中國殖民史》，頁 289。

[51]　Michael Summerskill, China on the Western Front, p. 118.

[52]　〈嘉布多拿克照料華工一月記〉，《東方雜誌》，15 卷 6 號，頁 55。

其為手藝工人曾為鐵匠、木匠、機器匠、油漆匠者，均派往軍火廠、機器廠、坦克廠、飛機廠工作，[53]雖不上前線作戰，但直接從事軍火之製造或運送。以布魯恩軍火廠為例，該廠雇用華工五百人，用以製造各種子彈，裝載炸彈，轉運火藥等事。[54]

值得注意者，華工雖以農民佔其多數，但真正分派於農業用途，擔任莊稼等事者，反不多見，[55]足見華工之招募，完全以配合戰事需要為其主要考慮。

論及華工之工作表現，英記者韋克飛爾氏所撰之文，可提供最好之說明。韋氏首先指出：「華工性靈巧，善工作，學習新法極易領會，且體質耐勞」；繼謂：「華工敏捷，殊易訓練，主事者教以種種工作，不久即著成效」。彼曾親見數百華工，在數星期前，對於各種工事尚屬茫無頭緒，乃逾時未幾，居然能製造水泥，修理坦克戰車，並從事於他種工作矣！該記者又說：「華人具天賦之製造性，經營各工，備極巧妙，且不疏懈」。據其自述，所遇之西人技師莫不交口稱讚中國工人之進步情形。謂際茲需工孔亟之時，而得此華人，不可謂非天賜也。至於原來不熟練之華人，亦極有用。彼等知足快樂，身強力壯，世界工人，殆無其匹。韋氏親見其搬運大小砲彈，修治崎嶇道路，開挖礦穴，起卸船貨，凡供給法境軍隊所必需之工事，皆由此項華工為之。最後，韋氏更強調兩點：第一、「華工做事，別具殊能，主事者只須略予指示，餘事任其自為之，無勞代謀。」第二、「華工富競爭思想，各欲出人頭地，自信能力勝於他人，而主事者亦因機利導，以發展其競勝之精神。」從韋氏之記述，已可知華

---

[53] 〈華工在法工作情形表〉，《東方雜誌》，15 卷 12 號，頁 198。
[54] 〈調查華工在法工作情形書〉（民國 7 年 11 月），《惠民公司招工檔》（七）。
[55] Judith Blick, op. cit., p. 121.

工工作表現之梗概。韋氏之論,雖不無含有宣傳和鼓勵之作用,然多就事論事,並非全無根據的溢美之詞也。

　　二十萬華工應募赴歐,旨在補助協約國人力之不足,故其主要任務不在直接參戰,而在工廠作工。惟事實上華工不僅參與軍火製造及後勤支援,且於戰火下擔任運輸、挖掘戰壕等工作,並有實際參加作戰、輔助戰事之進行者。戰場上流傳著許多華工的英勇故事,最突出的例子是 1917 年的畢卡第(Picardie)之役,畢卡第為歐戰主要戰場之一,1917 年德軍一度衝入陣線,此時法兵已退,倉促間華工取出平日作工之圓鍬、十字鎬等工具,與德軍進行肉搏戰,直至援軍趕到為止。[56]華工雖非職業軍人,但於危急時所顯示出之勇敢表現,較之職業軍人並無絲毫愧色也。

　　華工除表現英勇外,亦有發揮人性的一面。在德軍「大推進」(Big Push)時期,工作於戰線之後的華工,曾以各種不同運輸工具搶救蜂擁而退之傷兵。他們並且貢獻出個人應享之香烟及口糧,並為傷兵煮飯燒火。傷兵受感動之餘,曾有人記載稱:「中國工人的心和我們一樣善良」。[57]

三、華工對祖國的貢獻

　　歐戰結束,按照合同,華工大多遣送回國。這批華工去國多年,在異域耳濡目染的結果,本身在氣質內涵各方面均產生某種程度的變化,技能亦有所精進,茲分別論述如次。

---

[56] 〈中國參戰之義務〉,《上海時報》,民國 8 年 2 月 14 日。
[57] Tyau Min-Ch'ien, China Awakened (New York: The Macmillin Company, 1922), p. 238.

　　（一）就知識見聞方面而言，華工去國時，以年長失學者居其多數（文盲），而略識之無者次之，受過國民教育者又次之，至中等或高等學校之肄業生則寥若晨星，能說法語者所佔比例更少。經基督教青年會等機構之薰陶洗禮，華工多已能寫普通家書，並粗通法語。以翁日（Vonges）火藥廠為例（該廠截至民國 6 年 10 月有華工 930 人），可看出其入學人數所佔比率之進步情形：[58]

工與學比較表	民國 6 年				民國 7 年	
	五月	七月	九月	十一月	正月	三月
入工餘講習所	0	10%	15%	15%	20%	20%
入中文班	0	5%	6%	6%	9%	9%
入法文班	0	2%	3%	4%	5%	5%
入科學班	0	3%	6%	5%	25%	25%
工餘每日自修逾三小時	1%	2%	10%	15%	50%	50%
工餘每日自修逾一小時	3%	4%	10%	30%	30%	30%
讀華工雜誌	5%	9%	21%	27%	30%	30%

　　以上述翁日火藥廠為例，習法文者，已有十人到戰地任翻譯，尚有十人亦能寫法文書信。習中文者則不一律，有文從字順的，亦有認字不少，但不能動筆者。[59]又如駐比第一八一隊青年會華工學校，國文班自開學甫三月，華工已能作淺近文字之家信矣！[60]再如布勒斯特（Brest）旅法華工青年會夜課學校，創校不過半載，而成

---

[58]　〈國務院僑工事務局調查在法華工情形書〉，《新中國》，1 卷 1 期（1915 年 5 月 15 日），頁 208。

[59]　《華工雜誌》，期 44（1920 年 3 月 25 日），頁 58。

[60]　《基督教青年會駐法華工週報》，期 37（1919 年 12 月 29 日）。

效卓著，間不識中國文字之華工，今已能認識六百餘字，並能寫能講，而英、法文兩班，亦有進步。[61]另都爾（Tours）工人夜班開辦半年，成績亦佳，能粗識最普通法語者，已有多人。[62]據稱，華工到法之初，識字人數不過百分之二十，經過青年會等單位多年的努力，至民國10年底，據陳達估計，識字人數已增加至約百分之三十八。[63]

除了知識的長進與語文能力的加強外，華工的見聞也隨之增加。例如見歐戰之持久，兵士奮戰之不懈，華工方悟當兵不只為幾兩月餉，乃是人人應盡的義務，既保衛國家，又保護己身，始知徵兵制度之善。[64]

（二）就軍事技能而言，華工除組織球隊，成立體操班，舉辦體育運動會以鍛鍊體能外，並曾練習兵操（軍事訓練）。由於《華工週報》（晏陽初、傅智等所創辦）不斷的報導膠州問題與中日密約，激起華工們的愛國心和實際行動，除捐款救災或振興工業用外，[65]各地華工紛紛組織團體，練習兵操，以奮發圖強。例如駐白龍的華工七隊，約三千餘人，大家於星期日上午相聚場上作兵操，由工頭教練，而成績頗有可觀。[66]駐布勒斯特華工仿我國陸軍編制辦法，組織兵操隊，成一連之譜，每日午後六時一刻上操，內有華工段允升、李長榮諸君教練，使華工人員得有陸軍知識。每禮拜二、四、六晚十時有陳君維新教授軍人要覽新書，使明軍事學理。自開始以來，均甚踴躍，又兼軍律嚴肅，頗可觀閱。[67]

61　《華工週報》，期 32（1919 年 7 月 16 日）。
62　《華工雜誌》，期 24（1918 年 7 月 25 日），頁 27。
63　Ta Chen, Chinese Migrations, p. 154.
64　《華工雜誌》，期 23（1918 年 6 月 25 日），頁 6。
65　吳相湘編著，《晏陽初傳》（台北：時報文化出版公司，1981），頁 33。
66　《華工週報》，期 12（1919 年 5 月 7 日）
67　《華工週報》，期 32（1919 年 7 月 16 日）

旅塞爾西（Cercy La Tour）華工，因青島問題失敗，日人謀我愈甚，特成立自治勇敢救國會，每日於工暇時，操演一點半鐘，研究一點鐘之軍事學，以備將來報國之用。[68]由上可見，華工已由平日的追求體育強身，因國家多難而逐漸走向尚武報國的途徑。

此外，華工在聯軍麾下服務，於戰線附近工作，生活與戰鬥合而為一，故除有機會學習發射槍炮，投擲手榴彈等軍事技術外，因在生活下受軍事管理，故亦瞭解紀律與秩序的重要性。[69]

（三）就生活習慣而言，過去常為人所詬病，一舉手，一投足無不惹人厭惡之華工，現在大多已學會喜愛乾淨，穿戴整齊與自尊自愛。[70]吳稚暉（敬恆）曾說：「李（石曾）先生何以如此熱心，把中國幾十萬華工招來法國。李先生是要這些人來法國，看見法國如此美麗，如此有秩序。只要每一來法華工回家後，能改良一個廁所，一個廚房，也就夠了」。[71]國家要現代化，從小處著眼，正是這個道理。

此外，煙賭嫖為華工最重大惡習，於是在青年會輔導與有識之華工自覺下，紛紛成立各種禁煙、禁賭、戒嫖等會，苦口婆心勸告華工，禁絕不良嗜好，以提升華工道德，免得敗壞國人形象！[72]

（四）就組織能力而言，大批華工之遠赴西歐有機會與許多激進的勤工儉學生同廠工作，周恩來更經常到巴黎近郊華工聚居地區，深入工廠和華工工棚，訪問談話，了解工作情況。由於這種勞動與生活的結合，加上思想的影響，華工在這些知識份子的帶動

---

[68] 《華工雜誌》，期37（1919年9月24日）。
[69] 陳三井，《華工與歐戰》，（中央研究院近代史研究所集刊，1986）頁184。
[70] The Coolie in France, North-China Herald, Vol. 136:450 （14, Aug. 1920）.
[71] 《李石曾先生紀念集》，頁229。
[72] 陳三井，〈基督教青年會與歐戰華工〉，《中央研究院近代史研究所集刊》，17期上冊，頁55-59。

下，開始瞭解組織的重要，為了保衛自身權益，改善待遇，先後組織「華工總會」、「中華工團」、「華工公會」等團體，以後又合併為「旅法華工會」，其宗旨是：增進工人精神與物質的程度；鞏固工人的團體；代覓工作；便利交通……如轉信等事件；照料……如扶持疾病與招待等事；刊行「華工旬刊」。[73]華工中也有袁子貞、馬志遠等人，除了最早發起組織工人團體外，先後加入旅歐共青團和中國共產黨。回國後，袁子貞曾在北方鐵路工人中進行工作，擔任過中共天津地委宣傳部長，馬志遠先後在北京、天津、瀋陽等地從事革命工作。[74]

（五）就民族意識而言，華工由於在國外飽受白眼與歧視，方始瞭解國家強盛之重要，亦漸關心國家社會之興革，希望中國早日統一強盛，由此激起他們的愛國心與民族意識。

華工民族意識之高昂表現，可舉二例做為說明。

中國對於巴黎和會對德和約的不簽字，固然國內學生的反對亦很有力量，但在法國的留法學生和華工共四十餘人一清早在李聖章（麟玉）率領下包圍了位於巴黎西郊聖克盧（St. Cloud）的陸徵祥寓所，以手槍相威脅，使陸氏不敢冒然前往凡爾賽簽字，這才是導致不簽約的直接效果。[75]

以山東人為主的一船華工，遣送回國途經日本港口，適因山東問題發生，他們認為日本天皇政府對中國不公，故身為中國人而拒絕登岸遊玩享樂，以示抗議。[76]

---

[73] 王永祥等著，《中國共產黨旅歐支部史話》（中國青年出版社，1985），頁180。
[74] 同上註，頁194。
[75] 李宗侗，〈巴黎中國留學生及工人反對對德和約簽字的經過〉，《傳記文學》6卷6期（1965年6月），頁41-42。
[76] Tyau Min-Ch'ien, op. cit., p. 239.

以上五點，從知識見聞的增加，軍事技能的兼備到生活習慣的改正，乃至組織能力的薰陶或民族意識的昂揚，不敢說華工已完全脫胎換骨，但至少經過一段文明生活的洗禮後，為中國造就更多德、智、體、群兼修，比過去健全的現代國民。與蔡元培、李石曾等人當年主張派遣華工出國，旨在「增長見聞與普通知識」並從事「社會之改良」，已可不謀而合！

然華工對祖國之貢獻，應不僅止於這些個人氣質的改變和技能之精進，對於內憂外患紛至沓來的祖國，尚有顯而易見的重要助益。茲分述如下：

1.「以工代兵」參戰，提高中國的國際地位

就當時中國處境而言，梁士詒所倡之「以工代兵」策略，甚具遠見。蓋中國政府雖於 1917 年 8 月 14 日正式宣布對德宣戰，惟就當時國內情勢而言，中國實無派遣大軍參戰之能力。故參戰結果，段內閣被指為對外「宣而不戰」，對內則「戰而不宣」；[77]就國際上言，協約國方面亦有譏嘲中國「參戰不力」或指為「理論參與者」（theoretic participant）之論調，[78]日本代表更於巴黎和會上振振有詞，指「中國未出一兵，宣而不戰，應不下請帖，不為設座」。[79]

歐戰結束，我國之得以列席巴黎和會，而和會首席代表陸徵祥之所以能夠理直氣壯在會上反駁對中國「參戰不力」之指責，實為二十萬華工參戰之功。民國 10 年，中國得能列席華盛頓會議，從而爭回山東權利，使日本交還青島，乃至庚子賠款之退還，領事裁判

---

[77] 李劍農，《中國近百年政治史》（台灣商務印書館，1957），下冊，頁 501。

[78] Madeleine Chi, China Diplomacy, 1914-18, p. 129.

[79] 《三水梁燕孫先生年譜》，上冊，頁 301。

權之撤銷，以及關稅之增加等種種權利，亦無不直接間接拜華工參戰之賜！可見華工之助戰，於中國國際地位之提高，確有其不可磨滅的貢獻！[80]

2.匯款接濟，俾益國計民生

中國生齒浩繁，實業不興，失業者多，按李石曾鼓勵華工出洋的初衷，在以其工作報酬所得，小焉者定期接濟家中，大焉者他日殖產興業，大有裨於祖國。[81]

華工所得工資雖然菲薄，且身處生活費昂貴之法國，然大多數仍能省吃儉用，時往家中匯款。小而言之，可以孝父母，育妻子，置產業；大而言之，民富即國富。歐戰期間，華工究竟匯回多少款項，因缺乏精確統計數字，不易獲知，不過相信當不在少數。試以勒克魯鄒一地為例，1918 年 4 月，有華工一千六百人，該月往國內共匯款三萬餘法郎，平均計算，每人每月合二十法郎。則法招華工五萬人，每月能匯往中國一百萬法郎，一年能匯去一千二百萬法郎。[82]

再加英招華工，其數額當更加龐大，對於整個國計民生，當有極大助益。

除日常匯款接濟家中生活外，華工亦經常捐款救災或做為振興工業用途之需。例如 1917 年秋，國內京畿一帶發生嚴重水災，田禾湮沒，屋宇毀損，生靈塗炭，情形至慘，經駐法僑工委員李駿向華工設法勸募，各地華工本惻隱之心和人溺己溺精神，多能踴躍捐輸，

---

[80] 陳三井，《華工與歐戰》，頁 190。
[81] 〈李石曾之移民意見書〉，頁 173。
[82] 《華工雜誌》，期 23（1918 年 6 月 25 日），頁 5。

慷慨解囊。巴黎一地曾組賑濟水災分會，經手其事，計自 1917 年
12 月起至 1918 年 7 月底止，共有三十七個工廠，華工二千四百人，
捐得一萬四千九百零六法郎。[83]

對華工家族最為實惠者，莫如安家費之發給。按合同，工人工
價分兩地支領，為使工人無後顧之憂，工人出發之際除給以安家費
十元外，以後每月十元，或由郵局逕匯其家，或由家族向工局支取。
以英人在威海衛、青島兩處所招十萬人為例，三年所得，當不下三
千六百萬元。[84]這筆鉅款分散於眾多家庭，雖屬杯水車薪，但整體
而言，於地方民生經濟的維持，仍有其穩定作用。

華工多數均返回山東與直隸兩省，並以他們的積蓄置產買地；
其返回上海與廣東者，多再進工廠服務。亦有回國後一名不文者。[85]
華工回國後，為免其投閒置散，各方曾迭有建議，擬借重其經驗用
於開鑿運河、修築鐵路或建造公共設施，[86]甚至實邊，「以擇疆土而
拓利源」，其辦法為設立殖邊銀行，提倡墾荒、捐金、支配野地等，[87]
惟當時中國因內戰關係，更兼經濟不景氣，致未能對這批華工加以
充分運用。山東當局初議設工藝廠，以安插華工，後以地方多故，
最後也無暇及此。[88]

華工之中亦有胸懷大志者，想以他們在西歐所學之新知與技
術，幫助中國之工業發展與資源開發。可惜他們個人所帶回的儲蓄
有限，無法累積足夠的資本，因此未能一展抱負。

---

[83] 〈國務院僑工事務局調查在法華工情形書〉，頁 215-216。
[84] 《膠澳志（一）民社志》，移殖篇，頁 135。
[85] Ta Chen, Chinese Migrations, p. 147.
[86] North-China Herald, 135:178 （July 19, 1919）.
[87] 《上海時報》，1919 年 4 月 23 日。
[88] 《膠澳志（一）民社志》，移殖篇，頁 135。

3. 工權意識增高，成為改革社會的新動力

這些在歐洲與歐洲工人較高生活水準有過接觸，並受過工會組織洗禮的華工，回國後懷抱有「人當為更好的地位而奮鬥」的新觀念，[89]在工作方面，他們不再滿足於已經偏低的工資，也不會對週圍忽視衛生、不講究舒適的工作環境感到滿意。不滿則不安於其位，不滿即須尋求發洩與爭取解決。此外，這些華工在組織新工會方面亦扮演相當重要角色，他們是這些工會的強而有力的核心份子。他們的努力，雖為本身和其他眾多工人爭取到更大的利益，達成某種社會現狀改革的目的，但也自然成為上海不斷工潮的製造者，故博得中國工人世界的「不祥之人」（stormy petrel）之惡稱。在某些官方機構，返國華工甚至被看成一個「潛在的布爾什維克」（Potential Bolshevik）那樣可怕。[90]

徐國琦教授在其新著《文明的交融──第一次世界大戰期間的在法華工》特別強調，中國通過歐戰華工，向世界有力地展示了中國參與國際事務的願望和能力。他引 1918 年《遠東評論》（The Far Eastern Review）的一篇文章說：「毫無疑問，華工赴歐援戰將對世界歷史產生深遠的影響，也許將成為這次歐洲大戰史上最重要的一方面。在歷史上，東方從未向西方提供過如此規模巨大的人力資源。」華工最重要的貢獻，不僅僅體現在他們參與對西方文明的拯救，而且體現在他們在中國以全新的姿態進入國際社會以及中國人在尋求新的國家認同中所扮演的舉足輕重的角色。[91]

---

[89] Harold, R. Issacs, The Tragedy of the Chinese Revolution （Stanford University Press, 1951）, p. 55.

[90] Tyau Min-Ch'ien, op. cit., pp. 239-240.

[91] 徐國琦，《文明的交融──第一次世界大戰期間的在法華工》（北京：五洲傳播出版社，2007），頁 110。

第三節　中國參戰之檢討

　　歐戰發生，中國參戰問題曾在國內引起極大之反響與爭執。主張參戰最力者，在政府中以國務總理段祺瑞為主，在野則以研究系領袖梁啟超為首。梁氏主張參戰之目的，在思效法薩丁尼亞（Sardinia）之政治家加富爾（Camillo Benso Cavour, 1810-61）參加克里米亞戰爭（Crimean War）之故智，藉以提高戰後中國在國際間之地位。段氏主張參戰之動機，可以「公義」、「實利」、「私心」三句話加以涵蓋。就公義而言，像梁啟超主張對德宣戰和梁士詒建議派遣華工助戰一樣，段之主戰旨在提高中國之國際地位，這可以說是當時舉國上下一致的願望，也是最能聳動人心的訴求題目。就實利來說，段祺瑞當然不放過利用歐戰良機，尋求協約國的財政支援，以取得若干實際利益。除公義與實利外，當然也不排除個人的私心。段也有藉此強化其軍事統馭體系，鞏固北洋派實力，以壓制國內反對勢力，而達到武力統一全國的夙願。但大總統黎元洪、副總統馮國璋、各省督軍之大部、國務員之一部、孫中山、唐紹儀、國會中的丙辰俱樂部，以及各省商民團體，與在野名流如康有為等，則持反對態度。惟反對參戰者雖多，但在北京政府中並無實際力量。

　　參戰問題不僅在國內引起府院間爭執，在外交上亦有種種顧慮，故中國政府遲至民國 6 年（1917）8 月 14 日始正式發表對德宣戰。惟就當時國內情勢或財政暨運輸問題而論，中國實無派遣大軍前往西歐戰場參戰之能力，故參戰結果，段內閣被指為對外「宣而不戰」，對內則「戰而不宣」；就國際上而言，協約國方面亦有譏嘲中國「參戰不力」或指為「理論參與者」（theorectic participant）之論調，

日本代表更於巴黎和會上振振有詞，指「中國未出一兵，宣而不戰，應不下請帖，不為設座」。歐戰將告終，日本政府恐中國於和議席上占地步，嗾使公使團向中國政府提出參戰不力之警告，經公使團再三協議，改警告二字為覺書，於 10 月 30 日向北京政府提出如下：

1. 中國政府利用對德奧宣戰，取得緩交義和團賠款與關稅餘款，不經營生產增進富力，以助協約國戰時之物資，而徒供國內黨派私爭之用。
2. 中國參戰機關訓練之軍士，不以之參戰而供國內戰爭之用。
3. 中國政府任津浦、隴海鐵路為土匪所擾亂，不嚴行取締使協約國政府與人民之資本被土匪直接損害。
4. 中國政府不諮詢協約國，逕派使節與羅馬法皇訂約，有受敵國人運動之嫌疑。
5. 中國政府對於德亞銀行敵國人之財產不切實查封。
6. 敵國人在上海、天津營業，並為其他活動，中國政府不阻止。
7. 對敵通商禁止條例雖經宣布，不切實施行。
8. 北京順利飯店純然敵國人之營業機關，中國政府不查封。
9. 黑河道尹資助俄國過激派軍餉，協約國數次提請更換，中國至今不照辦。
10. 在中國逞陰謀之敵國人不能收禁拘束之。
11. 天津、庫倫地方官捕審敵國間諜，拒絕協約國領事觀審，又不嚴重處分。
12. 中國政府迅速完全履行以上各條，則歐洲議和時得享協約國同等之權利。[92]

中國求榮得辱，此豈當初主戰諸公所曾逆料者耶！

---

[92] 劉彥，《帝國主義壓迫中國史》（上海：太平洋書店，1927），下冊，頁 160-161。

　　事實上，前述依協約國之願望及法國之請求，與法國展開派兵參戰的交涉，即其一例。而中國未能派兵赴歐參戰的責任，實不能完全由中國獨負。中國政府除派遣華工近二十萬赴歐，對歐戰所作之努力始終不曾稍懈。

　　中國最後未能實際履行戰爭義務，除財政及運輸上之困難外，尚有一層心理障礙，為協約國方面人士所諱言者，此即白種人以求助於黃種人為辱。當歐洲大戰初起，德國哲學家倭伊鏗（Rudolf Eucken，1846-1926）與生物學家赫克爾（Ernst Haeckel，1943-1919）共撰一文，痛斥英人以條頓民族之尊，不應使黃色人種加入戰爭。又謂俄人為半東洋半野蠻之民族，英人不當與之聯盟以殘同種。又德軍侵入法境，銳不可當，法政治家畢盛（Stéphen Pichon）主張招致日本兵於西方戰場，以資臂助。其說一倡，贊成者雖有其人，而大多數之輿論大譁，謂借助黃種人實歐洲高貴民族之大恥，事遂不行。當時反對者咸謂東洋人為最猥賤之民族，歐洲諸國兄弟鬩牆，不當招奴僕為助。[93]由此可知，法蘭西當危急存亡之秋，猶不欲借助日本人，自傷晢種尊嚴，何況屢受列強侵略之中國人乎？倭伊鏗與赫克爾之論，或為基於民族主義立場之統戰伎倆，而法人之顧慮，正為西方帝國主義思想，「白人至上論」之自然流露也。[94]

　　由於上述原因，中國雖未真正出兵歐洲與協約國並肩作戰，然為履行參戰義務，曾參加日、美、英、法、義等國聯合出兵西伯利亞，並以大宗糧食輸運協約國。

　　就軍事方面言之，中國軍隊與協約國軍隊之進入西伯利亞境，充分表現合作和諧態度。緣俄國所屬西伯利亞之海參威地方，有多

---

[93] 劉淑雅，〈歐洲戰爭與青年之覺悟〉，《新青年》，2卷2號。
[94] 陳三井，《近代外交史論集》（台北：學海出版社，1977），頁196。

數德奧武裝俘虜，肆意擾亂，我國既參與戰事，當然與協約各國為一致之行動，[95]因此特派大軍防守東北邊界，以阻德奧俘虜侵略，並助謝米諾夫將軍（Général Semenov）攻擊過激派。迨海參威事變緊急時，中國又派陸軍一千六百名（內步兵兩營，騎、砲、工、機各一連，夫役七百在外）及海容戰艦一艘，協助警防，並與日本約定，遇緊急之際，吾人當協力提攜所有共同禦敵之具體條件。或謂此等範圍狹小之計畫，何足稱述？不知當時俄國過激派勾結德國，在俄國全境恣意騷亂，且揚言將在他國煽動革命及一切狂恣行動，此實為遠東和平之重大威脅。況在西伯利亞之敵俘及在中國之敵僑其數甚多，在在足以致亂，故僅就此等方面觀之，中國所提供之軍事助力已不為少。[96]

中國為世界糧食供應寶庫之一，曾將大批之食米、蛋類及其他原料供應於協約國。[97]中國雖因內亂及水災關係，致出產受阻，然當能日增軍用物品之供應。茲將中國宣戰前後，軍用品出口數字列表如下：[98]

出口品	1916（單位：磅）	1917	增加數
氨	75.1	85.5	10.4
錫	16.8	26.1	9.7
蛋白、蛋黃	38.4	54.0	15.6
鮮肉與製肉	50.7	69.4	18.7

[95] 《三水梁燕孫先生年譜》，上冊，頁 444。
[96] 《上海時報》，民國 8 年 1 月 9 日。
[97] Wheeler W. Reglnald. China and the World-War （New York: The Macmillian Company, 1919），p. 151.
[98] 《上海時報》，民國 8 年 2 月 14 日。

豆油及棉花子油	224.8	324.3	99.5
生絲	18.9	20.2	1.3
皮革	1543.5	1861.7	318.2
羊毛	50.1	51.3	1.2

　　由上表觀之,其出口數字雖不大,然增加之數值頗值重視。蓋協約國製造軍火、炸藥,以中國的氨為要素,毛革製造靴鞋及其他軍裝,羊毛織布以製軍服及軍用絨毯者,油為兵工廠必需品,食物供兵士之食,平民亦利賴之。各項原料供英、美兩國製造熟貨以應協約各國之需要。[99]

　　又中國財政雖然困難,然於協約國之每一公債無不踴躍認購。中國與同盟各國所訂之約,均恪守不違,例如中國所扣留之德奧船舶不作本國之用,而租借與協約國;收回天津、漢口敵人租界;拘留敵僑中之危險份子;沒收敵僑之違禁財產等。此外,中國又竭力協助傳播協約國之主義與目的,使國人多能瞭解此次戰爭之意義。[100]

　　綜上所述,以當時中國本身「兵連禍結,天災頻仍」之處境,於歐戰能提供如此助力,堪稱已盡其心意,實屬難能可貴矣!

---

[99] 同前註。
[100] 《上海時報》,民國 8 年 1 月 9 日、2 月 14 日。

第二篇。

中國與巴黎和會。

英國新聞記者兼傳記作家辛克萊（David Sinclair）在《鏡廳——巴黎和會內幕》（*Hall of Mirrors*）一書中，對於巴黎和會留下這麼一段與眾不同的精闢觀察。他這樣說：

> 對於二十世紀具有決定意義的，不是 1914-1918 年的世界大戰，而是戰後和平條約的簽訂。絕大多數的歷史學家都承認，第一次世界大戰是具有必然性的偶然事件。這是一場政治怪物之間的爭鬥，一方面是由正在崩潰的奧匈、德意志和土耳其奧斯曼帝國組成的同盟國集團，另一方面是由法國、俄國和英國根據「協約」所規定的共同利益和義務所組成的協約國集團。其實，本沒有必要進行這樣一場戰爭——戰爭僅僅為那些除了武力不知道有其他生存方式的過時的政府，或是對革命性變革感到極度恐懼的世界，特別是各國的統治階級，提供了比試武力、大開殺戒的場所。與此相反，1919 年前 6 個月在巴黎談判，6 月 28 日在凡爾賽宮鏡廳簽署的和平協議，卻是一個深思熟慮的產物。早在戰爭變得對最後的勝利者有利之前，人們就已經在思考、討論、籌劃這樣一個和平協議。如果說這場戰爭是一個悲劇，那麼凡爾賽條約更像是一幕滑稽劇。這個條約絕非像它所宣稱的那樣，保證了一個新世界的和平、穩定和繁榮，而是使二十世紀充滿了人類歷史上前所未有的恐懼、暴行和苦難。……總而言之，凡爾賽權力顯赫的制定者們什麼問題也沒有解決，反而製造了許多新的麻煩。[1]

---

[1] 戴維‧辛克萊，《鏡廳——巴黎和會內幕》（北京：世界知識出版社，2003），前言，頁 2-3。

　　法國總理克里孟梭也承認，建立和平比結束戰爭的任務更為艱鉅。他曾經向他的親信，莫達克將軍（Général Modacq）透露說：「我們並非毫無困難地贏得戰爭；現在，應該努力去贏取和平，而這可能是最困難的。我們沒有時間可以浪費。」[2]事實的確如此。

　　問題是，遠離歐洲戰場的中國，卻因日本侵佔山東而成為這場戰爭悲劇和巴黎一幕外交滑稽劇下的受害者！

2　Gaston Monnerville, Clémenceau (Paris: Librarie Fayard, 1968), p. 643.

第一章
中國對巴黎和會的期待與準備

第一節　中國對和會的期望

　　自 1918 年 11 月 11 日德國與協約各國簽訂休戰條約之後，歐洲大戰即已停止，協約各國已約定於翌年正月在巴黎開會，討論和約中之條款即一切善後問題。[1] 在德國簽訂停戰協定之時，協約各國同時有一個諒解，就是最後和平的條約，必須根據美國總統威爾遜（Woodrow Wilson, 1856-1924）於 1918 年 1 月間所提出的「十四點」（Fourteen points）原則，此即：（1）不使用秘密外交；（2）保障海洋自由；（3）廢除關稅壁壘；（4）裁減各國軍隊；（5）各國殖民地的要求，應予公平調查；（6）軍隊自俄羅斯撤退；（7）比利時的復國；（8）亞爾薩斯及洛林應歸還法國；（9）完成義大利的民族統一；（10）奧匈帝國中各附屬民族應予以自決的權利；（11）巴爾幹各民族應給予自決的權利；（12）土耳其帝國中各民族應予自決權；（13）波蘭的獨立；（14）建立國際聯盟。威爾遜

---

[1]　張忠紱，《中華民國外交史》（一），頁 124。

總統的十四點原則，除海洋自由一項保留外，其餘各項，都經協約各國贊同。[2]

中國此時雖尚未統一，但南北兩方均已下令停戰。協約各國方面雖有譏嘲中國「參戰不力」，或指為「理論參戰者」（theoretic participant）之論調，日本代表後來更於巴黎和會上振振有辭，指「中國未出一兵，宣而不戰，應不下請帖，不為設座」。然中國究曾對德、奧宣戰，為參戰國之一，且協約及參戰各國此時盛倡公理戰勝之說，和會中而摒斥中國，不許參加，與當日之言論思想殊有未合，是以中國仍得以參戰國之資格參加巴黎會議。[3]這是中國首次以獨立自主的地位躍向國際政治舞台，因此舉國上對於此次和平會議咸寄予莫大的期望，尤其熱切盼望執和會牛耳的美國，應為公道之主張，做公道之裁判，給予中國以公道支持，透過會中公平合理的討論和交涉，將中國不平等條約的束縛一掃而空。

一、謳歌歐戰結束

1918 年底，當歐戰結束的消息傳來，全國上下欣喜若狂，知識分子尤為興奮，北京學校自 14 日起放假三日，舉行慶祝協約國勝利大會，提燈遊行，滿街旌旗，鼓樂喧天，歡呼入雲，高歌「雲消霧散，重見青天」，拆除為德國公使克林德（Freiherr von Kettler）所立的昭雪碑，改建為「公理戰勝」碑。北京大學校長蔡元培及教授舉行演說大會，臚舉慶祝的四大意義：（1）為黑暗的強權消滅，光明的互助論發展；（2）為陰謀派消滅，正義派發展；（3）為武斷

---

[2]　傅啟學，《中國外交史》，上冊，頁333。
[3]　張忠紱，上引書，頁254。

主義消滅，平民主義發展；（4）為黑暗的種族偏見消滅，大同主義發展。[4]

據時人記載，當時東交民巷及天安門附近，遊人如潮，擁擠不堪；大街小巷，鼓樂喧天，有一首慶祝勝利遊行的歌，內有這樣兩段：

> 沉沉大千
> 彈雨硝煙，
> 而今一旦豁然。
> 伸我公理，
> 屈彼強權，
> 協約齊視凱旋……[5]

陳獨秀為新問世的《每週評論》所擬發刊辭，開宗明義即說：

> 自從德國打了敗仗，「公理戰勝強權」這句話幾乎成了人們的口頭禪。無論是對內還是對外，強權是靠不住的，公理是萬萬不能不講的。我們發行這《每週評論》的宗旨，也就是「主張公理，反對強權」八個大字，只希望以後強權不戰勝公理，便是人類萬歲！[6]

胡適在〈紀念五四〉一文中，也為當年知識分子的這一股狂熱提供了見證並作出解釋，他說：

> 當停戰的電報傳出之夜，全世界都發狂了，中國也傳染著了一點狂熱。……這時候，蔡先生（元培，他本是主張參戰的），

---

[4] 郭廷以，《近代中國史綱》（香港中文大學，1979），頁 517。
[5] 曹靖華，〈五四瑣憶〉，收入《五四運動回憶錄‧續》（中國社會科學出版社，1979），頁 420。
[6] 隻眼，〈發刊詞〉，《每週評論》，1 號（1918 年 12 月 22 日），第一版。

興緻最高，他在那三天慶祝之後，還向教育部借了天安門的露天講台，給我們一班教授做了一天的對民眾的「演說大會」。他老人家也演說了好幾次。

胡適進一步解釋，當年他們並不真正相信「公理戰勝強權」，只不過「借他人之酒杯，澆自己之塊壘」，因為大家都不滿意於國內的政治和國際的現狀，都渴望起一種變化，都渴望有一個推動現況的機會，而 11 月的這一股世界狂熱，正是他們認為的一個世界大變局的起點，也是作為推動中國社會政治改革的起點。[7]

除知識分子的心聲外，一般專業團體、地方督軍與議會也有類似的看法。

國民外交協會張謇（季直，1853-1926）等理事呈國務院的條陳，特別強調指出：「今也大戰告終，強權失敗，公理伸張」。[8]

山東省議會、教育會、農會、公會、商會等團體致美國總統威爾遜等電文，也明白表示：「此次協商國之戰勝，純由於民主主義與各國自主主義之發展，故能以公理屈遏強權」。[9]

以廣西督軍譚浩明（1871-1925）為首的各省督軍領袖上北京大總統電，有云：「此次歐洲戰爭，聯合國以公理戰勝強權，原為興滅國繼絕世，非為強凌弱、大兼小也」。[10]

由上述反應可知，國人對歐戰結束，協約國勝利，無不十分興奮，咸認為這是「公理戰勝強權」，對長期飽受強權壓迫的中國而言，將是一個黑暗時代的結束，也是一個光明時代的開始！

---

[7] 胡適，〈紀念五四〉，《獨立評論》，149 號（1935 年 5 月 5 日），頁 5。
[8] 《巴黎和會與山東問題》，上冊，頁 95。
[9] 同上註，頁 114。
[10] 同上註，頁 236。

二、推崇威爾遜

在國人看來，如果說協約國是「公理戰勝強權」的團體代表，那麼威爾遜總統個人便是公理與正義的化身。

在慶祝歐戰結束，協約國勝利的同時，國人對美國總統威爾遜及其倡導的「十四點」（含國際聯盟），推崇備至，如醉如痴。

在這之前，尚在美國留學的胡適，即已視威爾遜為「大政治家」、「大文豪」、「大理想家」，謂其事事持正，尊重人道。他的外交政策，「實於世界外交史上開一新紀元」，胡適有感於威爾遜 1917 年 1 月 22 日發表「沒有勝利的和平」的演說，特地在日記中寫道：「威爾遜破百餘年之成例，至參議院宣言，以此為將來外交政策之根本，則世界國際史真開一新紀元矣！」李大釗亦在 1917 年初即有感於美德斷交說：「威爾遜君夙以酷愛和平著聞者也。……吾人終信和平之曙光，必發於太平洋之東岸，和解之役，必擔於威爾遜君之雙肩也。」這說明，在大戰結束之前，國人就已對威爾遜厚望有加了。等到戰爭結束之後，此種厚望更加殷切。孫中山於 1918 年 11 月 18 日致電威爾遜，稱其主持撲滅武力主義，大獲全勝之功，「有史以來，未之前聞」，還特地請他主持正義，「務以拯救歐人者轉以拯救中國」，梁啟超則在《東方雜誌》發表〈國防聯盟與中國〉一文，把威爾遜倡建的國聯說成是實現「將來理想之世界大同的最良之手段」。蔡元培把「十四點」視作「武斷主義的末日、平民主義的新紀元」，特別讚賞限制軍備、公開外交等原則。[11]

---

[11] 楊玉聖，《中國人的美國觀——一個歷史的考察》（上海：復旦大學出版社，1996），頁 74-75。

　　當時一般知識界人士的心情，陳獨秀在《每週評論》所撰寫的〈發刊詞〉，頗具代表性：

> 美國大總統威爾遜屢次的演說，都是光明正大，可算得現在
> 世界第一個好人。他說的話很多，其中頂要緊的是兩主義：
> 第一，不許各國拿強權來侵害他國的平等自由。第二，不
> 許各國政府拿強權來侵害百姓的平等自由。這兩個主義，
> 不正是講公理不講強權嗎？我所以說他是世界上第一個好
> 人。[12]

　　陳獨秀之所以把威爾遜奉為當時世界上的「第一個好人」，是可以理解的。因為中國的知識分子正是從這位大學校長出身的美國總統身上，找到了既朦朧又真切的希望，面對著內有軍閥當道，外有列強欺凌的多難局勢，「公理」、「平等」、「民族自決」等，如同久旱之甘霖，特別令人鼓舞。蔣夢麟在為他翻譯的《美國總統威爾遜參戰演說》一書中所作的序言（1918 年 11 月 11 日）中稱：這些演說

> 代表大共和國光明正大之民意，為世界永久之和平，為人類
> 保公共之利權者也。今戰事已告終止。武力既摧，強權乃折。
> 民意既彰，正義自伸。威總統之言，實為世界大同之先導。
> 凡愛平民主義者，莫不敬而重之。

　　當時是北大學生，後來成為著名學者的傅斯年，據說他能把威爾遜的「十四點」一字不差地背出來。由此也就不難理解，1918 年 11 月 30 日夜，北京學生提燈遊行時，何以有不少人到美駐華使館

---

[12] 同註 8。

前情不自禁自高喊「威爾遜大總統萬歲」！在當時人的心目中，「美國是中國真正的朋友」。此乃相當流行的一種觀念。人們在興奮之餘，遂愈寄希望於美國，寄希望於威爾遜。[13]

　　除知識界對威爾遜總統如醉如痴的推崇外，地方輿論也不遑多讓。自稱江浙旅滬公民的沈卓吾等 6 人於 1919 年 1 月 17 日呈文國務院，推崇威爾遜的演說，「不啻為全世界人民大聲疾呼」，並樂觀的認為，「譯讀威爾遜總統演講詞，知識界正義可伸，和平可保」。[14]

三、對和會的期望

　　巴黎和會為中國帶來了無限期望，根據威爾遜「十四點」原則，咸認為這是中國除去一切不平等條約的束縛，進入自由平等地位之良機。據此，中國出席巴黎會議代表團之具體目的有四：（1）收回戰前德人在山東省內之一切利益，該項利益不得由日本繼承；（2）取消民四條約之全部或一部；（3）取消外人在中國享有之一切特殊利益，例如領事裁判權，外人在華之勢力範圍等；（4）結束德、奧等戰敗國家在華之政治與經濟利益。[15]

　　梁啟超認為：

> 此次和會為國際開一新局，我當乘機力圖自由發展，前此所謂勢力範圍、特殊地位，皆當切實打破。凡約章庚此原則者，當然廢棄，青島其一端耳。……至關稅、領判兩事，失此不

---

[13] 楊玉聖，前引書，頁 76。
[14] 《巴黎和會與山東問題》，上冊，頁 27。
[15] 張忠紱，前引書，頁 257。

圖，更無機會，亦斷不容遲延。又裁兵為救國第一義，國際聯盟草案已列專條，我宜首先自定兵額，誠意屬行，勿待他人越俎。[16]

以張謇、范源濂、林長民、熊希齡、王寵惠、莊蘊寬共同署名的國民外交協會，以為巴黎和會是「天相中國」，千載難逢之時機，盱衡時局，特別提出外交事項意見書，內分七項：（1）贊助國際聯盟之實行；（2）撤廢在中國之勢力範圍，訂定實行方法；（3）廢更中國所受不平等條約及以威逼利誘或私密締結之條約合同及其他國際文件；（4）定期撤去領事裁判權；（5）改正關稅稅制，以自由制定為原則，其特殊事項以對等協定輔之；（6）取消庚子賠款；（7）收回租借地域改為通商市場。[17]

江蘇省議會代表民意，應國務院令，亦提出對和約之意見如下：

> 此次協約國美國為人道正義而戰，我國為表同情於人道正義起見，加入參戰。今既獲最後勝利，將以全世界和平會議為人道正義立永久保障，自應將國際上種種不平等之條約據理撤廢，各回復國有之主權，以鞏固和平之基礎。我國派員列席與議，亟應根據此旨，提出要求，對於德奧方面如膠州灣及其他租借地乘時收回，一切條約概行廢止。此外，各國對我之不平等待遇，若領事裁判權、海關稅率等，凡妨礙國家主權，阻遏經濟發展者，其條約一律修正。[18]

---

[16] 〈收法京梁前總長（啟超）電〉，《巴黎和會與山東問題》，上冊，頁 52。
[17] 同上註，頁 96-100。
[18] 同上註，頁 5。

　　山東省議會鄭欽亦電呈說：「此次歐洲和平會議各國所期望者，在植永遠和平之基礎，故凡關於歐戰發生之國際問題，宜交該會公同議決，方足以飫饜世界之人心，剷除競爭之根株」。並主張山東問題取決眾論之評判，以昭示大公，免啟列強之猜疑。[19]

　　葫蘆島商務委員王尚曾則表示，「此次歐洲平和會議實世界自主之國有不平等者求申平等之時，尤為我國恢復權利之千載一時難得之機」，所以他獻上三章之策，即國權平等、關稅自由、疆域界限，以供當局採擇。[20]

　　又旅居爪哇各華僑社會團體 110 名代表亦上電徐世昌大總統，除預期凡爾賽會議必國際自由正義及平等主義得獲實現外，亦推崇美國威爾遜總統乃胸襟寬大，發言最有勢力之大政治家。他們對和會的期望是：各民族皆係同類，各國為人道起見，應設法掃除亞洲民族在歐亞所受不平等之待遇，俾謀世界之永久平和。[21]

四、對美國的期待

　　自美總統提倡世界和平以來，舉世歌頌，列國景從。中國人對巴黎和會既抱持無限的期望，對集三千寵愛於一身的威爾遜總統更跡近頂禮膜拜。因為放眼世界，美國是戰後崛起的新強國，威爾遜是主導世界新局最有影響力的政治家，中國要想在和會中達到廢除一切不平等條約的目的，而且要以獨立自主的地位加入國際政治舞台的話，非得到美國的支持不可，而若沒有威爾遜總統的鼎力贊助，願望更難達成。

19　同上註，頁 25。
20　同上註，頁 31。
21　同上註，頁 39。

在中國人眼中，美國既執和會之牛耳，他們所懇切希望於美國者，便是為公道之主張，作公道之援助。但梁啟超已有警覺並帶先見之明的指出：「美固相愛，英法同情尤為要著」。[22]換言之，美國鼎力支持固然重要，英法的同情同樣不可忽略。

在山東問題面臨攤牌的緊要關頭，美國的態度尤為重要。福建省雲霄縣國民外交後援會的宣言書，道出了國人對美國期待的真正心聲，宣言說：

> 今日世界主持公理者厥惟美國，美乃民主之邦，最重民意。我國民眾果萬眾一心，有死無二，則聚蚊可以成雷，投鞭可以斷流。美國以我民氣可用，必憐而援之，大局或總有可轉圜之日耳。詩不云乎，風雨所飄搖，予惟音嘵嘵。

在期待中，仍不忘對主持公理的美國友邦敬告說：

> 日本民性剽悍，甚於虎狼，敝國天然富源著於中外，倘棄之如遺，則以日之強併我之富。況彼貴族政府秘密為政，恐橫渡太平洋，利用墨西哥之擾亂，取道上海，美洲孟祿主義亦因之而破壞矣。且此次貴國為世界民族之自由而戰，其代價亦不可而償矣。敝國與貴國位於美、亞二洲大陸，民族最愛和平，苟能左提右挈，戮力同心，非唯兩大民族之福，而世界和平可以永久，亦全球民族之福也。[23]

歷史弔詭的是，美國不能在亞洲防堵日本的擴張於先，終有日本偷襲珍珠港引發太平洋戰爭爆發於後，真是噬臍莫及！

---

[22] 同上註，頁 52。

[23] 〈收雲霄縣國民外交後援會宣言書〉，同上書，頁 215-216。

第二節　中國對和會之準備

　　為了達成中國出席巴黎會議代表團的四項具體目的，北京外交部設置了一個特別委員會，由魏宸組負責，以駐外公使的報告和意見為基礎，研究中國應向和會提出的問題。

　　駐外公使中又以駐美公使顧維鈞的報告最為齊全，顧氏著重的預備工作，包括研究中國對美、英等國籌備在戰後建立一個世界和平組織之事應採取何種政策，以及對中國具有特殊利益的問題，如在和會中提出領事裁判權、不平等條約的束縛、日本的「二十一條」要求等問題，以爭回中國失去的權利。顧氏根據其研究資料，向外交部提交一份對於議和大會應提問題之報告：

1. 各國對待我國之政策問題

　　例如戰前之關於維持中國自主等協約，歐戰以來對我之趨向，及將來議和之時對我態度。

2. 我國由歐戰直接發生各問題

(1) 我國中立時代

　　例如英、日會攻青島，日兵在龍口登岸違犯中立，我國劃出特別區域，關於山東等處之中日新約。

(2) 我國參戰時期

　　例如收管財產，移遷敵僑出境，中、日會防西伯利亞德勢東侵等約。

3. 我國所希望解決各問題

例如收回治外法權、收回關稅自主權、收回租借地。

4. 各項國際公法問題之解決

例如取締潛艇作戰、待遇中立國商船、公海自由、修改陸戰規則、取締飛艇作戰。

5. 關於維持世界和平問題

例如限制各國軍備、建設國際審判廳、維持國際和平公會。

6. 關於歐洲各國之特別問題

例如處置亞爾薩斯，洛林省，待遇俄國及巴爾幹各小國，處置波蘭、芬蘭及波斯灣至波羅的海間各地，處置德、奧屬地。

顧維鈞認為第一類各國對華政策問題，關係中國命脈，洵屬首要之圖；第二類由歐戰而直接發生的山東及「二十一條」要求等問題，必以中國為鵠的，亦屬重要；第三類為中國之希望，能辦到一分即是挽回權利一分，若有預備，屆時可相機提議，且以此次青島之役為鑒，各租借地之存在與否實於將來世界和平有關，能即時廢置亦屬維持世界和平之一舉；第四類公法問題，如中國研究有素，能有把握，亦足於大會中利用良機以增加中國聲譽；第五類維持世界和平問題，對中國甚為有利，亦宜於事前先加研究；第六類歐洲各國特別問題，在歐美各國心目中必認為和會主要問題，屆時議論必多，中國若明其大端，倘偶議及而中國應付裕如，尤足動人觀感。

　　此項報告顧維鈞在停戰半年前即事先研究完成，面對和會中種
種可能出現的議題，顧氏籌擬的議題相當完備，中國問題方面，不
僅綜括中國自歐戰以來各階段發生的問題，也準備了希望解決的問
題，期望有機會在國際場合中一步一步地收回清季以來喪失的主
權。在國際問題上，顧氏關懷的重點包括修改國際公法問題、維持
世界和平問題以及歐洲問題，這些問題本是中國在進入國際社會
後，對國際事務該有的研究，參與國際事務不僅能提高中國的國際
地位，加速列強解除與中國不對等的條約束縛，同時國際公理與世
界和平的提倡，也是利人利己的。[24]
　　然而北京政府以顧氏所提供的建議為基礎，透過這個委員會所
擬定，向和會所提出的議案，因不想與日本發生衝突，卻不包括山
東問題在內。其擬定議案如下：

（一）凡中國政府與各國政府或私人所訂條約或合同，有許
　　　一國或一國以上，或私人之特別利益，特別專享之權
　　　利，以及各種勢力範圍而為他最惠國所不能享者，提
　　　議修改之。
　　甲、中國之土地雖租借於某一國者，應歸還中國，或改
　　　　為各國公共居留地。但租借地內之軍港，應先一律
　　　　歸還中國。
　　乙、專管租界，改為各國公共居留地。德奧租界，已收
　　　　歸中國管理，不在此內。
　　丙、凡以外資外債建築已成或未成，或已訂合同而尚未
　　　　開工之各鐵路，概統一之。其資本及債務，合為總

---

[24] 廖淑敏，〈顧維鈞與巴黎和會中國代表團〉，收入金光耀主編，《顧維鈞與中
　　國外交》（上海古籍出版社，2001），頁53-55。

　　債，以各路為共同抵押品，由中國政府延用外國專
　　門家，輔助中國人員經理之。俟中國還清該總額之
　　日為止，各路行政及運輸事宜，仍須遵守中國法律，
　　概由交通部指揮之。

丁、凡與各國訂立關係鐵路之合同中，有許與鐵路附屬
　　地，及類似附屬地之一切權利，概廢止之。

戊、凡礦權及農工礦權，已訂立契約，予某一國政府或
　　私人，而於某地區內有壟斷性質，並有妨礙中國主
　　權或門戶開放主義者，一併取消之。

己、各國在中國所設郵電機關，有礙中國主權及郵電統
　　一者，概撤廢之。

（二）事裁判權，照下列條件撤廢之。

甲、審判制度，完全成立。

乙、民行商及訴訟各法典，完全公布實行。

上二款詳定按年籌備進行清單，以若干年為完成年限。

（三）關稅總則，應比照各國商約，互惠主義，由中國自由
　　規定。但未實行以前，先照下列各款辦理。

甲、中國應行撤廢厘金制度。

乙、洋貨進口稅，尋常品物，值百抽十二‧五，奢侈品
　　值百抽二十五至四十。

丙、設立估價委員會。

丁、土貨出口稅，酌量減免。

（四）辛丑條約，所規定各國屯駐中國全國境內之軍隊警
　　察，訂明若干年撤去。此外各國在中國境內之軍隊警
　　察，除租界外，應撤去之。

（五）辛丑合約，於所定分年應交各國之賠款，此後概請停
　　　止。惟該國仍由中國海關專款儲備，以為振興教育之
　　　用。[25]

　　從以上北京所擬之提案中，可以看出當時政府頗有意藉此一和
會，而將中國自南京條約以來之所有不平等條約一律廢除。換言之，
中國對於和會抱有莫大的期望，希望自清末以來，遭受列強壓迫欺
侮的痛苦，能夠一掃而光。

　　對參加和會，中國所關心的另一個重要問題是參加的席位。
中國希望能夠和其他協約國家享受同等待遇。當初參戰時，英、美
等國均保證中國於戰後將被當作大國地位看待。而這時自駐法公
使胡維德傳來的消息也很令人興奮，據聞法國外交部告知了中國
可以盡量多派代表，但實際出席的人數，將視每次會議的性質而
定。[26]

　　在這段期間，不僅國內忙於準備和會提案，各駐外公使亦忙於
與駐在國的聯絡，打探和會的消息，特別是駐美、法、日等國的公
使。駐美公使顧維鈞經常到國務院打聽和會的組織以及方式，協約
國方面哪些國家出席等事，知道中國可以順利參加和會，但參加的
細節則有待主要協約國家進一步的商議。[27]同時，他還會晤威爾遜
最親近的助手豪斯上校（Colonel House）和國務卿藍辛（Robert
Lansing），自豪斯口中，顧氏得知美國對成立「永久和平機構」的
熱衷，此並為威爾遜總統參加和會的主要目的，顧使並將中國預備
在和會提出的說帖送交藍辛一份，請其在和會中鼎力相助，也得到

---

[25] 劉彥、李方晨，《中國外交史》，下冊，頁 547-549。
[26] 《順天時報》，民國 7 年 12 月 1 日。
[27] 《顧維鈞回憶錄》，冊 1，頁 166。

藍辛的首肯。中國政府在會前，並曾要顧氏轉送一份備忘錄給威爾遜，告知中國在和會的期望，請其支持。顧氏透過國務院轉送，並希望知道威氏的意旨，以便向國內報告。顧氏於行前獲得威爾遜的接見，據其事後回憶說：「我得到他肯定的表示，對中國的要求採取同情的態度，他很高興我也要到巴黎去，並要我繼續和美國代表保持聯繫。但很明顯的，從談話中顯示，他主要的興趣仍放在成立和平組織一事上。」[28]

---

[28] 同上註，頁 169。

第二章
和會的組織與中國代表團的選派

第一節　和會的組織與「四巨頭」

一、和會組織

　　經過四年傷亡和損失慘重的戰爭之後，在舉世擾攘和瘡痍未復的情形下，1919 年 1 月在巴黎召開了為解決第一次大戰戰後問題的和會。和會有三類國家未獲邀參加：第一類為中立國，第二類為正處於內戰和在 1917 年即已退出戰團的俄國，第三類則為前敵國或戰敗國，即德、奧、匈、保、土。參加和會的國家共有 32 國。

　　和會組織方面，因為「有普遍利益的交戰國」（belligerent powers with general interests）和「有特殊利益的交戰國」（belligerent powers with special interests）不同，前者為「五強」（Big Five），即美、英、法、義、日，後者則指其他交戰國家，包括英國各自治領、印度、波蘭、塞爾維亞及捷克。五強中的每一國派出五名代表，比利時、塞爾維亞與巴西派出三名代表，其他國家則各派一至二名代表。每

一代表團又有顧問、技術及助理人員，英、美代表團各有兩百人左右。全部共有 27 個正式代表團，如果把英國各自治領（加拿大、澳洲、紐西蘭、南非聯邦）與印度合計在內，則有 32 個。

由於參加之國家過多，若一切問題均由與會各國代表共同討論，則會議殊難迅速獲得結果，且英、法等大國亦不願見會議由小國操縱，於是乃成立所謂「十人會議」（The Council of Ten），專由英、美、法、義、日五強各派出二人出席，先行討論，獲得解決以後，再提交全會，因此「十人會議」有最後之決定權。「十人會議」自 1 月 12 日至 3 月 24 日，每日開會二次，討論一切問題。嗣因所議之問題繁劇，「十人會議」尚感人數過多，進行遲緩，且易洩漏會中消息。故自 3 月 24 日後，「十人會議」改組為「四人會議」（The Council of Four），由英、美、法、義四國各派一人出席；另組一「五人會議」（The Council of Five）附屬於「四人會議」之下，由四強之外長與日本代表組織而成，一切重要問題皆由此「十人會議」或「四人會議」決定，但每凡討論一問題時，與該問題有關之弱小國家如被邀請，得派員列席。「四人會議」中雖無日本代表，但遇討論遠東問題時，日本仍得參加。是以在「十人會議」與「四人會議」中，日本均有代表參加，而中國須被邀請，方得列席。[1]

二、「四巨頭」素描

蘇格蘭傳記名家喀萊爾（Thomas Carlyle, 1795-1881）有一句名言：「世界歷史不過是偉大人物的傳記。然而，我們常常看到的卻是

---

[1]　張忠紱，前引書，頁 257-258

另一個有趣的現象：決定歷史進程的人並不偉大，他們由於受到我們的鼓勵，錯誤地相信自己是偉大的。」[2]

巴黎和會一切由大國操縱，小國無能為力。大國之中又有所謂「四巨頭」（the Big Four），這「四巨頭」就是美國總統威爾遜、英國首相勞合‧喬治、法國總理克里孟梭、義大利總理奧蘭多。

根據辛克萊的說法，所謂「四巨頭」只是一個誤稱，因為除了威爾遜以外，他們都身材矮小。儘管他們雄心勃勃，但四個人毫無例外地都缺乏宏圖大略。他們糾纏於細節，為一些雞毛蒜皮的小事爭論不休、記私仇，不敢對他們的同事和公眾講實情，為了達到自己狹隘自私的目的，放棄原則，手法低劣。世界的命運掌握在他們手中，但是「四巨頭」卻沒有擔當此重任的胸懷。[3]

中國要走向世界舞台，中國有史以來最優秀的外交官在近代外交坫壇上所要面對的，如果是這樣一群缺乏宏圖大略、自私狹隘、不講原則的政客，真是情何以堪！辛克萊的論斷或許淪於苛刻，但卻讓中國人感到窩心。在未進入和會這齣大戲之前，且讓「群丑」一一先上台亮相吧！

（一）威爾遜

威爾遜（Thomas Woodrow Wilson, 1856-1924），1856 年生於美國南部維吉尼亞州斯托頓市（Staunton）。他的祖父是北愛爾蘭的移民。英國的家系對威爾遜日後的思想和事業發生了深刻的影響。他的父親是長老會教徒，當過大學自然科學教授和長老會教堂牧師，母親是教會大學的畢業生。因此，威爾遜的童年時代是在嚴肅的宗

---

[2] 轉引自戴維‧辛克萊，前引書，前言，頁 6。
[3] 同前書，頁 4。

教氣氛中度過的，他父親的一些格言式教誨，使威爾遜印象十分深刻，影響了他的事業。[4]幼年被認為是學習遲鈍的孩子，到9歲才能閱讀，對了解基本算術有困難。他的視力不佳，從8歲起就開始戴眼鏡，身體脆弱，妨礙了他進步的努力。年幼起為消化不良所苦；任總統時，間或自己使用抽胃器抽取胃液。過度工作的壓力嚴重損壞了他的健康。在大學讀書及在普林斯頓大學任教時，他幾因為過重負荷而病倒。1895年，一次視網膜出血使他的右眼視力受損。晚年幾乎雙目失明。

　　威爾遜曾自嘲他那副極其平凡的容貌。他的臉長而多皺紋，藍灰色眼睛、褐色頭髮，前額高、下巴凸出，耳朵特大。在情緒上，威爾遜是個很複雜的人。他的傳記作者林克（Arthur S. Link）說，威爾遜渴望愛情，要求毫無疑問的忠實。奇怪的，「他沒有幾個知己，遲早又和他們大部分決裂……他的最持久不變的朋友是一些景慕他而缺乏判斷力的女人。」威爾遜曾形容他自己的性格是愛爾蘭血統（祖父）與蘇格蘭血統（外祖父）的鬥爭。愛爾蘭血統，「急躁、慷慨、易衝動、熱情、永遠渴望去幫助並同情遭遇困難的人」，而蘇格蘭血統，「機靈、固執、冷靜、或許有點孤高」。此外，他還把自己比成一座休止的火山，外表平靜，內部卻是沸騰的大汽鍋。對廣大聽眾，威爾遜滔滔不絕，高度自信，是一位有天份，能感動人的演說家。在三、五成群的陌生人前，他卻顯得怕羞，侷促不安。

　　威爾遜曾兩度結婚。在他任總統前，曾在大學任教，並擔任過普林斯頓大學校長、新澤西州長。1912年由民主黨提名當選總統，1916年當選連任。歐戰發生，美國初採中立，後因抗議德國無限制

4　李富民、李曉麗主編，《美國總統全傳》（中國社會科學出版社，2005），下冊，頁665。

潛艇政策無效，而於翌年加入歐戰，並發表「十四點和平原則」。1919
年，威爾遜不聽國務卿藍辛的勸阻，親自率領龐大的美國代表團出
席巴黎和會。和會的進行雖然為「四巨頭」所控制，但威爾遜的理
想主義與克里孟梭的現實主義激烈衝突。克里孟梭曾批評，「上帝給
我們十誡，威爾遜給我們十四點；他以為他是另一位耶穌基督降臨
世界來改造人類。」[5]

　　在辛克萊筆下，威爾遜身材高大，戴著眼鏡，臉龐瘦削，言談
舉止中透著一種職業傲慢，而這種傲慢自然是來自他在意外成功登
上政治頂峰之前在普林斯頓大學的多年教授生涯。[6]辛克萊不忘辛辣
的批評說，「威爾遜是一個不切實際又自以為是的理想主義者。他相
信，關於國聯的模糊的理想足以說服大國放棄競爭，讓其他國家與
他們分享他們用數百年時間贏得的權利。另一方面，他又是一個工
於心計、黨派觀念很重的政客，雄心勃勃地企圖帶領美國進入一個
在國際上具有重大影響的新時代，取代英國和法國的帝國主義統
治。他想利用和會實現這兩個目標，同時，向交戰國和他認為過時
的歐洲列強表明，他們的方式是錯誤的。這種傲慢的美國優越感，
使得威爾遜遭受失敗，條約無法實施。」[7]

（二）勞合・喬治

　　勞合・喬治（David Lloyd George, 1863-1945），1863 年生於曼
徹斯特（Manchester）。少小家境貧窮，早年投身律師界擔任學徒，
並於 1884 通過律師考試。在擔任國會議員（1890-1922）以及首相

---

[5]　朱建民，《美國總統繽紛錄》（台灣商務印書館，1996），頁 382-400。
[6]　辛克萊，前引書，頁 122。
[7]　同前書，前言，頁 4。

期間（1916-1922），他帶領英國打贏了歐戰，並努力為簽訂一個非報復性的凡爾賽條約而奮鬥。愛爾蘭的獨立也是在他手中完成（1921）。[8]

在辛克萊筆下，勞合‧喬治是個矮小的威爾斯人（Welsh），曾當過律師，正是他的機敏的大腦和演講的口才使他實現了兒時的夢想，最後成為全國地位最高的人。[9]但是他並沒有帶著這樣的龐大計畫到巴黎。他主要關心的是，在世界上保持大英帝國的霸主地位，防止德國再次崛起時對它進行挑戰。因為英國在戰前就是這樣做的，並取得了成功。與此同時，他的敏銳直覺提醒他，要防止戰爭爆發出來的新的、危險的極端主義思潮。他開始對以布爾什維克（Bolshevik）為樣板的世界革命的前景感到恐懼。由於他能否保住首相的職位取決於過去的政治對手，他試圖既討好右派，也討好左派。這意味著，他對於條約所要實現的國際安排的態度變化無常，使它不可避免地最終遭到失敗。[10]

在法國史家的眼中，勞合‧喬治代表安格魯‧薩克遜民族典型的現實主義者。他靈敏、思想豐富、語帶譏諷，像個塞爾特人。他兼具島國與大陸性格。他的滔滔雄辯充滿熱情，但常帶幽默品味。他有能力，卻意志力堅強，並且固執難纏。[11]

（三）克里孟梭

克里孟梭（Georges Eugène Benjamin Clemenceau，1841-1929），1841 年出生於法國西部的旺代（Vendée）省，該地地形並不平坦，

---

[8] Encyclopedia Britannica, VI, p. 284.
[9] 辛克萊，前引書，頁 55。
[10] 同前註，前言，頁 4。
[11] Gaston Monnerville, Clemenceau, p. 640.

沿海地帶多為沙岸，內陸地帶則因為河流與小溪遍佈全省，土地被切割成平原、盆地及沼澤地形，交通十分不便。旺代的居民大多為農民，產業活動也以農業為主，城市數量與人口皆不多，商業活動比例較低。對旺代的居民來說，因為交通的不便利以及產業活動的關係，與外界接觸的機會並不多，所以他們對於自己土地的感情，對於生活方式所得出的經驗，便形成一種獨特的鄉土觀念，與這塊土地緊密結合。在舊制度影響下，當法國大革命爆發後，基於國家認同的差異，旺代人為了徵兵法的實施，寧可像過去捍衛地方利益一樣，拿起武器以對抗巴黎的國民公會（Convention）。[12]旺代人以繼承高盧人的純正血統為傲，他們的子孫沒有在凱撒的面前低頭，而以在歷史上出產政治、社會和意識型態上的反叛人物著名。

克里孟梭是旺代人，自然擁有這個省份人物的特徵。父親既是個狂熱的共和黨徒，又是法國大革命的熱情仰慕者，受此薰陶，克里孟梭一路走來所交往的人物，也多半是一些忠於 1789 年和 1848 年精神的原則，並不斷反抗個人權力，與路易・拿破崙和第二帝國抗衡的反派健者。[13]

當歐戰進入到 1917 年，雖有美國的參戰，但法國的盟邦——英、義、俄在軍事上卻遭受一連串的挫敗，法國內閣頻頻改組，罷工迭起，內政外交皆陷入困局。在此危機間，保安卡萊（Raymond Poincarré）總統於同年 10 月 14 日，召請他素所不喜歡的激進派參議員克里孟梭組閣。這位 76 歲的矍鑠長者自 1871 年開始從政，此

---

[12] 林弘毅，《旺代戰爭與羅馬公教》（政治大學歷史研究所碩士論文，2008），頁 19-21、102。

[13] Gaston Monnerville, Ibid, p. 23.

時已達到他政治生涯的高峰。做為參院軍事委員會主席,克里孟梭經常訪問戰場,廣獲士卒的擁戴。他在議會以雄辯激昂而獲「老虎」曬稱,深知如何將其熾烈的愛國情操與剛毅氣概感染給每個人,不論是平民或軍人。[14]

在《戰爭的回憶》(Souvenirs de Guerre)一書中,勞合・喬治對「老虎」有生動的描繪,「充滿活力,精力充沛,無論是其個人特質或缺點,都有超人們想像的更具客觀性。」對英國首相而言,克里孟梭是法國第三共和最強悍的政治人物。首先,他是個行動派,但絕不是膽小怯懦之徒;同時,他冷靜、沉著、實際,永遠準備退讓、妥協,一直向前走。職是之故,勞合・喬治視他為一生中合作最愉快的夥伴。[15]

至於另一位「巨頭」——義大利的奧蘭多,在他的《回憶錄》(Memorie,1915-1919)中同樣大量提及克里孟梭。在奧蘭多的眼中,克里孟梭是個個性極為純樸的人,不知猶疑不定為何物。他僅有一種熱情,但這種熱情卻是巨大無比的,那就是法蘭西;他僅有一種力量,但這種力量卻具有支配性,那就是意志力。雖然奧蘭多與克里孟梭兩人的性格截然相反,法義兩國的關係也並非如膠似漆,但奧蘭多卻對「老虎」語多正面的讚揚。他這樣寫道:「他(指克里孟梭)的話就是一種行動;他如此具體的話語所產生的效果,就像鞭子鞭打,棍子棒喝,利劍直接穿透敵人的心臟一樣。」[16]

---

[14] G. de Bertier de Sauvigny, Histoire de France (Flammation, 1977), p.406; 蔡百詮譯,《法國史》(國立編譯館主編,五南圖書公司印行,1989),頁 363。

[15] Gaston Monnerville, Ibid, p. 640-641.

[16] Ibid, p. 642.

　　克里孟梭對威爾遜的「十四點計劃」十分不解。身為巴黎和會的東道主，他的最大願望是摧毀德國，確保將來它不再能夠對法國構成威脅——德國在 1870 和 1914 年曾經威脅了法國。他厭惡德國人，嫉妒英國人，懷疑美國人。他是一個固執地生活在 19 世紀的人，相信通過微妙的結盟並以武力作後盾，就可以達到權力平衡。他對建立國際聯盟的主張態度悲觀，對建立任何新的國際秩序不感興趣。對於他來說，凡爾賽條約僅僅是要確認協約國——特別是法國對同盟國的勝利。為了這樣一個有限的目的，他甚至準備以犧牲國際穩定為代價。[17]

（四）奧蘭多

　　奧蘭多（Vittorio Emmanuels Orlando, 1860-1952），出生並受教育於西西里首府巴勒摩（Palermo），在被選入眾議院前，他以撰寫探討選舉改革與政府行政的專文而聞名，先後出任教育部長、司法部長等內閣重要職位直至 1914 年，他主張義大利參加歐戰，1917年 10 月繼任首相。[18]

　　辛克萊語帶譏諷的認為，奧蘭多是一個腐敗的和支離破碎的政治體制的囚徒。這個體制亟須在國際舞台上重建自己的信譽。義大利受到歐洲帝國主義列強的排擠，一直心懷不滿。大戰爆發以後義大利加入協約國一方，主要目的就是想藉此提高自己的國際地位。義大利在和會上一直迷戀於索取回報，而不屑於其他問題的討論，結果更加減弱了義大利對廣泛國際問題的影響力。而當其要求得不到滿足時，它便魯莽地走向法西斯主義。[19]

---

[17] 戴維・辛克萊，前引書，前言，頁 5。
[18] Encyclopedia Britannica, VII, p. 585.
[19] 同註 48。

第二節　中國代表團的選派與內部衝突

一、代表團的選派

　　1918 年 11 月 11 日歐戰結束，翌年 1 月 18 日和會在巴黎揭幕，惟北京政府遲至 1 月 21 日和會揭幕後始正式發布代表團人事命令，箇中緣由除因日本作梗外，席次的削減與南北之爭，當係主要因素。

　　中國原先希望能夠和其他協約國獲得同等待遇，不料當戰事結束，在組織和平會議時，中國才發現，協約國家決定將參加和會的協約與參戰國家分成四級，五個主要的國家如英、美、法、義、日各佔五席，被認為對大戰有實際貢獻的塞爾維亞、比利時、巴西三國各為三席。中國、希臘、漢志（阿拉伯新王國）、波蘭、葡萄牙、羅馬尼亞、暹羅、捷克八國各為二席。其餘南美國家各為一席。[20]

　　原持樂觀看法的北京政府對此極表不滿，中國被列為第三級的國家僅分配兩個席位，不僅因此損及了政府在國內及國際的尊嚴，更因為只有二席，政府將因選派代表而產生困難，大傷腦筋。尤其外交總長陸徵祥在和會成立時，曾發電報給駐美及駐歐各公使，表示希望在和會中能夠得到他們的幫助，顧維鈞回憶錄中特別提及：

> 在給我的電報中，他很明確地告訴我，我將是全權代表之一；同時，他還至少對其他四名公使，即駐法公使胡維德、駐英公使施肇基、駐丹麥、德國公使顏惠慶及駐比公使汪榮寶，也表示了同樣的意思。[21]

---

[20] 黃正銘，《巴黎和會簡史》（台灣商務印書館，1970），頁48。
[21] 《顧維鈞回憶錄》，卷一，頁167。

　　陸總長的處境十分困難，他和法國一直保有密切的聯繫，因此他立即決定親自往見法國外長和將出任和會主席的法國總理，他對這兩位先生寄予極大希望，能對席位重做調整。同時，施肇基去見英國代表，顧維鈞往見美國代表。美國態度極為友善，表示同情中國的處境，將鼎力相助，並云西班牙也有同樣的問題。而法、英兩國的答覆則令人沮喪，法外交部指出，「和會估計各國的貢獻，主要是看各國在戰時對協約交戰國家盡的力量多少而定，……而中國在戰時，積極的援助太少，而像巴西卻以海軍巡弋南大西洋，對保護協約國家船隻運輸、補給戰略物資有很大的貢獻，因此才有三席。」[22]英國的答覆亦然。不過，法國外交部又告以「中國雖然只有兩個席位，但每次出席可以按輪班制選派代表，俾隨意以其利益，委託所委派之人。」[23]由英法所持的態度，可以想見中國增加席位的希望十分渺茫。

　　另一方面，當時南方軍政權既與北方政府分庭抗禮，在遣派和會特使方面的努力，亦表現積極，唯恐落後，更增加了北京政府應付的困難。1918 年 11 月 15 日，林森、鄒魯、徐謙等上書孫中山請擔任出席歐洲和平會議中國代表。蓋是時北京政府已派有陸徵祥、魏宸組之說，故林森等以非孫中山親任，不足以正國際視聽為由，特建議兩項辦法：(1) 孫中山自動赴美國及他國；(2) 由軍政府委託為和平會議代表，並歷聘日、美及歐洲各國。其目的有四：(1) 使國際間深明孫中山宗旨，而恢復外交之信用；(2) 使國際間深知中國和平非推倒武力派不可；(3) 使國際間明瞭推倒武力派，則日本不能逞志於中國，而世界和平亦有莫大關係；(4) 使國際間將大戰後凡予參戰國之利

---

[22]　《顧維鈞回憶錄》，卷一，頁 173。
[23]　〈外國大事記〉，《東方雜誌》16 卷 4 期（1919 年 4 月），頁 224-225。

益,亦推及於中國。[24] 由此觀之,南方若干政治領袖除主張由孫中山親往出席和會外,似亦隱含單獨派使,內爭體面,外爭平權之意。

12 月 12 日,廣州軍政府政務會議,對於參議院建議派遣歐洲和平會議代表案,議決三項辦法如下:(1)通知中外,擬派孫中山、伍廷芳、汪兆銘、王正廷、伍朝樞為歐洲和平會議代表;(2)通電護法各省,分擬歐洲和平會議代表經費,先共籌 10 萬元;(3)先派李煜瀛、張繼赴法國。[25] 南方政府先聲奪人,未待南北協商即發布和會人選,其單獨遣使之意至此已甚明顯。

惟孫中山自始即不允擔任代表名義,亦對南方單獨派遣代表一事,表示有實際之困難。綜合孫中山意見,可歸納幾點如次:(1)國際上只承認北京政府,而未承認南方軍政府;(2)按國際慣例,外交上非有國家資格,決難展布;(3)即使以其他任何名義前往,亦不能向和會發言,因此不能發揮效果;[26] 在其復黨員謝持函中,孫中山更明白指出:「南方派遣特使,未得國際承認,斷然不能代表發言,且亦不能受偽政府所委任,此事當無從進行,若明知其不能代表,不能發言,而貿然前往,亦甚無謂。」[27] 中山雖有此種種顧慮,而堅持不擔任代表名義,但為國折衝樽俎之心並不稍減,故一再復告同志,「不如待將來有機之時,以私人名義前往歐美,相機發言,效力或者更大。」[28]

---

[24] 羅家倫主編,黃季陸增訂,《國父年譜》(黨史編纂委員會,1961)下冊,頁 749。

[25] 《國父年譜》下冊,頁 741。

[26] 《國父年譜》下冊,頁 750、752。

[27] 〈孫中山復廣州謝持告不能擔任巴黎和會特使函〉,《國父全集》冊 3,函電,頁 597。

[28] 〈復廣州徐謙告歐戰和會以私人名義前往發言較佳函〉,同前註,頁 581;〈復廣州凌鉞等 14 人告代表參加和會不如由個人發言為有效函〉,頁 582。

　　孫中山的深思熟慮終於打消了南方單獨派代表之議，轉而想謀取與北方之合作。事實上，南方政府自派特使確有不便，亦難獲列強之支持，遂以伍朝樞為代表赴滬與北方代表進行磋商，伍氏曾致電國務總理錢能訓說：

> 南北時局尚未統一，此時若純由北方派遣代表，於事實上既不能代表全國，於法律上亦有問題，難邀國際之承認，發言亦無充分力量，南中亦難漠視。現在會期已迫，鄙意以為雙方會同選派代表最為適當。辦法例如：北方派若干人，南方亦派若干人，此項會同選派之人數，北方正式發表，南方亦同時正式發表，如須國會同意，即使北方派遣之人由南方任命，南方派遣之人亦由北方任命，似此對內於法律事實既能兼顧，雙方體面亦可兩全，對外則以表示我國參與和會，南北確能一致行動。[29]

　　廣州軍政府由最初之「單獨派使」，到現在之「雙方會同選派代表」，態度上已大有轉變，惟有關之磋商，因雙方條件未能圓滿解決，兼以歐洲和會會期已迫，故並無具體之結果。

　　1919 年 1 月 21 日，北京政府終於明令發表陸徵祥、顧維鈞、王正廷、施肇基、魏宸組等五人為全權委員，參加和會。這份名單具有相當濃厚的親英、美遠日本的色彩。另外，當時的中國正處於南北分裂的狀態，列強曾勸告中國儘速統一，以免影響到中國在和會上的地位。為此中國除了在國內籌備召開南北議和大會外，參與巴黎和會的代表團必須有南方政府的代表加入，以象徵中國的統一。故代表團為此是兼有南北代表的聯合代表團。[30]其中陸、王二

---

[29] 《順天時報》，1918 年 12 月 14 日。
[30] 廖敏淑，前引文，頁 56。

人暗中即算南北雙方推舉，對外名義上同受中央政府之委任。至顧、施、魏三氏則以駐外公使應有之資格參與，雖其原職為北京政府所任命，然對外實同為中國之代表，且此三人與西南之外交人物如唐紹儀、伍廷芳等及廣東方面素皆融洽。[31]北京政府為示對外統一，最後加上具有南方色彩之王正廷為全權委員，惟王氏之臨時加入，似係陸外長經過紐約時所促成，亦係出之於美國影響力之考慮，因正廷前在美國留學時（耶魯大學），與美國威爾遜大總統即曾有師生之誼。[32]王正廷當時為南方軍政府的外交總長，與郭泰祺、陳友仁等人正在美國活動，請求參議院外交委員會承認廣州軍政府為交戰團體。顧維鈞認為王氏實不足以代表南方，其加入和會全為一己之私願，在其回憶錄中有如下記載：「王正廷博士曾特別希望成為中國代表團的一員；事實上，他曾私下透過他的美國朋友的幫忙以取得南方代表的資格，他的美國朋友摩特博士（Dr. John, R. Mott）曾向美國駐華公使芮恩施建議，希望促成這件事。」[33]

二、五代表簡介

（一）外交總長兼首席代表陸徵祥

陸徵祥（1871-1949），又稱增祥，字子興，或書子欣，江蘇上海人，1871 年 6 月 12 日生。小時家境清寒，其父以助基督教牧師每晨於街頭分發聖經傳單為業。徵祥幼年身體羸弱，至 11 歲始入私

[31] 彬彬，〈我國與歐和會議談〉，《上海時報》，1919 年 1 月 27 日。
[32] 《上海時報》，1919 年 1 月 9 日。
[33] 《顧維鈞回憶錄》，卷 1，頁 177。

塾發蒙就師、誦習四書。13 歲進上海廣方言館，肄業八年，嗣於 21 歲時轉入北京同文館，專攻法文與法國文學。

　　1892 年，徵祥於同文館肄業僅一年，即獲駐俄、德、奧、荷四國大臣許景澄（文肅）之賞識，奏請總理衙門調往駐俄使館充學員，擔任翻譯工作，此可視為其外交生涯之開始。徵祥曾拜許文肅為師，學習外交應對禮儀及立身處世之道，此於其日後外交坫壇之折衝與乎民初複雜政局之肆應，當不無裨益。

　　徵祥初抵俄京聖彼得堡，擔任學習員。不數月，於 1893 年許景澄箚命他為四等翻譯官。1895 年升三等翻譯。同年 5 月，許氏又奏加布政司理問銜，即選縣丞。越一年，升二等翻譯。1896 年冬，許景澄去職，由楊儒繼任駐俄、德、奧、荷欽使。次年，楊儒奏加同知銜，即選知縣。1901 年又奏加直隸州知州銜。1902 年，胡維德繼任駐俄欽使，次年奏加參贊銜，並給假六個月。1903 年 12 月，奏加三品銜，即選知府。1904 年，升二等參贊。1905 年冬膺命為駐荷欽使，乃離俄。徵祥在俄京先後停留十四年，歷充許、楊、胡三位欽使暨欽差大臣李鴻章之翻譯，因此常有機會覲見俄后，與宮廷中人也多相識。俄皇常宴外交官，或赴宴，或看戲，或跳舞；有時請外交團全體，有時請欽使；可是每次請中國欽使，必多帶擔任傳譯的陸徵祥。當其離俄時，俄皇尼古拉二世特破例接見並贈授勳章，又派馬車迎送，一如公使禮儀，且俄后也出見，禮遇之隆，前所未有。

　　1906 年陸徵祥抵海牙出任駐荷第一任全權公使，首設中國使館。翌年，海牙舉行第二次和平會議，陸氏以中國專使名義參加，表現良好，大獲袁世凱賞識。時袁氏任外務部尚書，曾以「通達時務，慮事精詳，凡於國體有關事項，據理力爭，曾不少詘，尤能洞察列強情勢，剴切敷陳，確有見地」等語譽之。

　　革命軍在武昌起義後不久，民國元年1月1日，孫中山在南京就任臨時大總統後，組織臨時政府，以王寵惠長外交。3日，陸徵祥聯合駐外各使，電請清帝遜位，以息內爭。3月10日袁氏因孫中山之荐代就臨時大總統職於北京，依臨時約法任唐紹儀為國務總理，陸氏為外交總長。徵祥之出任總長，係袁氏所提，其人個性和易通達，善事長官，故深得袁之歡心，乃位列袁系四總長之一。

　　民國第一任內閣雖標榜為政黨內閣，但政權為袁氏所把持，唐紹儀不能實行責任內閣，乃於元年6月憤而棄職南下。結果「馴順如羊」的徵祥繼任總理，組所謂「超然內閣」，一切政令均秉承袁氏意旨，遂遭參議院彈劾失職，不安於位，繼之稱病入醫院，不理政務。國務總理一職遂由趙秉鈞繼任，11月陸徵祥再任外長。次年，宋教仁被刺於上海，大借款成立，二次革命忽起，趙秉鈞遂去職。熊希齡繼組內閣，以孫寶琦任外交總長，陸氏乃退居總統府外交最高顧問。

　　民國4年1月，日本乘歐戰方酣，列強無暇東顧之際，向袁世凱提出五號二十一條要求。袁氏為拖延時間，以陸徵祥易孫寶琦為外長，與日本展開秘密談判。惟陸氏「忠厚少方，非折衝之選，亦無燭奸之明」，奉命唯謹，終於簽訂了喪權辱國之約。袁氏稱帝後，徵祥被任為國務卿兼外長。迨袁氏病歿，黎元洪邀之入閣，以主對德作戰，與黎氏政見不合，辭不受命。民國6年，段祺瑞武力平南計策失敗，辭國務總理，以王士珍繼任，徵祥復長外交。民國7年，段復組閣，陸氏仍任外長。10月10日，徐世昌就大總統職，錢能訓受命為國務總理，徵祥仍留外長。民國8年歐戰結束，和會在巴黎召開，陸氏以外交總長身分兼首席代表率中國代表團出席參加。[34]

---

[34] 有關陸徵祥生平經歷，主要參閱羅光，《陸徵祥傳》（台北：商務印書館，

（二）顧維鈞

顧維鈞（1888-1985），字少川，英文名 Wellington（威靈頓），江蘇嘉定人，1888 年 1 月 29 日生。幼讀私塾、小學，稍長入上海聖約翰書院（中學程度，後改為大學）攻讀。1904 年尚差一年畢業，放洋赴美，肄業於紐約州蒙托福市（Montour Falls）之科克學院（Cook Academy）。翌年，考入哥倫比亞大學深造，先後獲文學士、政治學碩士學位。在校時甚為活躍，除任學生會代表外，兼《旁觀者》（Spectator）雜誌主筆。1908 年，清廷派唐紹儀為特使，晉謁美國老羅斯福總統，磋商庚子賠款的退還方法和款項用途。顧維鈞以紐約中國學生會會長暨《中國留美學生月刊》（The Chinese Students Monthly）主筆、《哥倫比亞大學日報》主編身分，應唐氏之邀前往華府觀光，並代表中國留學生在唐紹儀舉辦的宴會上致詞。唐氏對其風度與口才，大為讚賞，並留下深刻的印象。其後當選為全美中國同學會會長。1909 年秋，首次見到孫中山。民國成立，同年 4 月，由美國經華沙、西伯利亞返抵北京；5 月，以國務院總理唐紹儀之荐，任袁世凱總統英文秘書，並兼國務院總理洋文秘書。同月，美國代辦威廉士晉見袁世凱，呈遞承認中華民國國書，由顧維鈞宣讀袁之英文答詞；6 月，隨唐紹儀去職而辭去兩秘書職務。同年夏，以論文《外人在華法律上的地位》（The Status of Aliens in China）遙領哥大國際公法及外交博士學位；8 月，任外交部秘書。民國 3 年，升任外交部參事，負責研究等待批准公布之法令，兼主翻譯科，並兼袁總統洋文秘書。

1967）；羅光，〈訪問陸徵祥神父日記〉，《傳記文學》，19 卷 2-6 期；羅光，〈陸徵祥〉，收入《中華民國名人傳》（近代中國出版社，1985），第 3 冊；石源華主編，《中國十大外交家》（上海人民出版社，1999）；石建國，《陸徵祥傳》（河北人民出版社，1999）；陳三井，〈陸徵祥與巴黎和會〉，收入氏著，《近代外交史論集》（台北：學海出版社，1977）等。

民國 4 年 7 月，繼陳籙為駐墨西哥公使，並授二等大綬嘉禾章；10 月，於赴任途中，轉調駐美兼駐古巴公使，一切均屬事前安排，蓋顧氏資歷淺，又從未出任使節，當局有意以其使美，故藉此安排以加深其外交資歷；12 月到任，即電告外交部云，美報稱袁謀聯德，已聘用德軍官多人。同月向美國總統威爾遜呈遞國書。民國 8 年 1 月 21 日北京政府特委派陸徵祥、顧維鈞、施肇基、魏宸組、王正廷為巴黎和會全權委員。[35]

（三）王正廷

王正廷（1882-1961），字儒堂，浙江奉化人。出身基督教家庭，父王際唐先任基督教聖公會牧師，後擔任美以美會牧師。奉化毗鄰寧波，交通便捷，風氣早開。6 歲居寧波入小學，10 歲赴上海就讀中英中學（Anglo-Chinese School），13 歲再轉入天津英華書院（Anglo-Chinese College）肄業。他聰穎早慧，打下了很好的中、英文根底。王正廷在上海讀書時，洋務運動正進入後期，西學在中國社會中有了一定的影響。1895 年津海關道盛宣懷奏准設立中國第一

---

[35] 有關顧維鈞的生平經歷，主要參考石源華主編，《中國十大外交家》（上海人民出版社，1999）；金光耀，《顧維鈞傳》（河北人民出版社，1999）；蕭崗，《顧維鈞傳》（中國文史出版社，1998）；金光耀、趙勝土主編，《一代外交家——顧維鈞》（上海辭書出版社，2006）；袁道豐，《顧維鈞其人其事》（台灣商務印書館，1983）；石源華，《中華民國外交史》（上海人民出版社，1994）；岳謙厚，《顧維鈞外交思想研究》（北京人民出版社，2001）；金光耀主編，《顧維鈞與中國外交》（上海古籍出版社，2001）；董霖譯著，《顧維鈞與中國戰時外交》（傳記文學出版社，1978）；顧維鈞，《顧維鈞回憶錄》（中華書局）；吳圳義，〈顧維鈞〉，收入《中華民國名人傳》（近代中國出版社，1986）；Chu Pao-Chin, V. K. Wellington Koo: A Case Study of China's Diplomat and Diplomacy of Nationalism, 1912-1966 （Hong Kong: The Chinese University Press, 1981）.

所新式大學——天津北洋西學學堂（北洋大學），聘請美國傳教士丁家立（Charles D. Tenney）主持校務。次年，該校在香港、上海招生，王正廷考入預科（高中），三年後升入正科。1900 年庚子事變，德軍強占北洋學校舍，大學停辦，王正廷只得輟學返滬。1901 年，他考入上海海關，在江海關當月薪 25 兩白銀的見習生，但他很快厭倦了這種職員生活，辭職回到天津，隨原在北洋大學任教之英籍教授肯特（Percy H. Kent）研習法律，並協助從事律師業務。翌年，經肯特教授推薦，轉任英華書院教職。

1904 年，私立明德中學在湖南長沙成立，重金禮聘王正廷擔任英文科主任。當時美國耶魯大學正在長沙創辦湘雅書院，王正廷和主其事的席伯列（Scaburry）、蓋奇（Cage）兩人成了朋友，對他們所談論的耶魯大學留下了很好的印象。王正廷是虔誠的基督教徒，對教會活動極為熱心，對青年會注重「心」（Sound mind）、「身」（body）、「靈」（Soul）三者之平衡發展的理想，最為心折，曾參與創辦天津基督教青年會組織，與青年會駐華負責人白樂門（Fletcher S. Brockman）相結識。當時中國留日學生的人數激增，青年會有意派人在他們中間發展組織。白樂門認定王正廷是最合適的人選，執意相邀。王正廷表示自己在長沙所任教職報酬優渥，正為赴美留學積蓄旅費，不願擔任這項工作。於是白樂門安排王氏與美國商人楊（Smith B. Young）和霍姆斯（Robert S. Holmes）見面。談妥條件：王正廷赴日服務兩年，然後由這兩位美國人出資送王正廷赴美深造。1905 年夏，王正廷辭職東渡，就任中華基督教青年會留日學生分會總幹事。不久，他經人介紹認識了在日本避難的的孫中山，並應邀加入同盟會。

1907 年秋，王正廷得償夙願，自日赴美留學，先入密西根大學學習法律，一年後轉入耶魯大學法學院，1910 年畢業，取得學士學

位。因成績優異，獲學校最高榮譽——斐裴卡（Phibeta Kappa）金鑰匙獎。1911 年春，王正廷因病休學，赴瑞士療養。1911 年丁父憂，未及修畢碩士學位，即奔喪回國。

王正廷回國之際，正值辛亥革命前夕。他處理完父親的喪事，匆匆前往上海，一邊參加青年會的工作，一邊等待機會投身革命。10 月 10 日，武昌起義爆發，王正廷兼程趕到，加入軍政府。作為同盟會的代表，他參與起草了《軍政府組織條例》，並被任命為外交司副司長、司長，輔佐外交部長胡瑛與列強駐漢口之外交領事團辦理交涉，以承認列強在華權益為條件，爭取各國政府將軍政府與清政府作為對等交戰團體，並承諾保持中立。這是王正廷首次涉足外交事務，表現出色，引起中外人士注目。

武昌首舉義旗，各地紛紛響應，共謀推翻清廷，創建民國。12 月 3 日，以黎元洪為首的湖北軍政府邀請獨立各省代表在漢口開會，通過了由王正廷、馬君武等起草的《臨時政府組織大綱》。12 月 25 日，孫中山由國外返抵上海。29 日，17 省代表齊聚南京，選舉孫中山為中華民國臨時大總統，決定 1912 年為民國元年，改用公曆。王正廷出任大總統府外交部議和參贊。

民國元年 2 月，清室退位，孫中山辭去臨時大總統職務，讓位給袁世凱。唐紹儀奉命組閣，邀王正廷出任工商部次長，因總長陳其美坐鎮上海不能到部視事，遂由王正廷署理。不久，唐紹儀與袁世凱發生爭執而下台，王正廷也隨之辭職南下抵滬。民國 2 年 4 月，第一屆國會正式成立，王正廷代表浙江省當選為參議院議員，並被推為副議長（議長張繼）。此時，北京政潮迭起，張繼受袁黨威脅，不得已辭職離京。王正廷代理議長一職，並被孫中山指定為國民黨駐京代表，與袁週旋。

民國 3 年第一次大戰爆發，經數度努力，終於民國 6 年國會通過加入協約國方面參戰。是年 9 月孫中山在廣州護法成立政府，王正廷率領國會議員南下護法，並擔任護法政府的國會議長。7 年奉孫中山之命赴華府請求美國承認廣州政府並談判借用美船運輸我軍參加歐戰，美國原則上答應後者，但因德國遽而投降，事遂未能實行。8 年，奉北京政府派為中國代表團團員赴巴黎參加和會，王以南方護法政府首席代表的身分列名在北洋政府首席代表陸徵祥之後。[36]

（四）施肇基

施肇基（1877-1958），字植之，浙江錢塘人，1877 年生。9 歲，入江寧府立同文館，翌年改入上海聖約翰書院，肄業三年，後專習漢文二年。16 歲，隨欽使楊儒赴美，任駐美使館翻譯學生。年 20，入康乃爾大學，後因出使俄國大臣楊儒奏調為駐俄使館隨員，遂輟學一年，並前赴海牙，出席弭兵會議，任中國代表團參贊官。23 歲，獲康大文學士學位，兩年後（1902）獲同校文學碩士學位。

同年夏歸國，任湖廣總督張之洞洋務文案兼鄂省留美學生監督。是年冬，率首批鄂省公費生赴美。翌年，再率第二次公費生赴美入學。1905 年 9 月，隨端方等五大臣出洋考察憲政，任一等參贊。29 歲署郵傳部右參議兼京漢鐵路局總辦，並應政府考試，得最優等法政科進士。30 歲調任京奉鐵路局會辦。31 歲任吉林西北路兵備道

---

[36] 有關王正廷的生平經歷，主要參考：石源華主編，《中國十大外交家》（上海人民出版社，1999）；張騰蛟，《壇坫健者——王正廷傳》（近代中國出版社，1983）；李恩涵，〈王正廷〉，收入《中華民國名人傳》（近代中國出版社，1988），第 7 冊；劉紹唐主編，《民國人物小傳》（傳記文學出版社，1975），第 1 冊；張樸民，〈王正廷博士的一生〉，《近代中國》，期 29（1982）。

兼濱江關監督，後升任吉林交涉使，旋調任外務部右丞。1911 年轉任外務部左丞，旋簡放美、日（西班牙）、祕大臣，未及赴任，而民國建立，時年 33 歲。

民國肇建，任唐紹儀內閣交通總長兼署財政總長，後因病辭職，病癒後任總統府大禮官。1914 年至 1921 年任駐英公使，其間曾為中國出席巴黎和會五代表之一。[37]

（五）魏宸組

魏宸組（1885- ？），字注東，湖北武昌人，1885 年生。早年與李書城等在鄂省鼓吹及進行革命，深為當道所忌。1904 年冬，被湖北當局選派赴法國留學。翌年（1905）夏，孫中山自美抵歐，魏偕留歐學生數人往謁，共商組織革命團體之具體方案；後又協助籌組歐洲同盟會事務，並加入焉。迨中國同盟會正式成立於日本東京，乃設巴黎通訊處於其寓所：70, Bd. St. Germain, Paris。當武昌起義，京津黨人組織京津同盟會，被推舉為外交部長，掌理對外交涉。嗣隨汪精衛同赴滬上，參預南北議和事宜。

1912 年，南京臨時政府成立，受任為外交部次長；2 月，參議院推舉袁世凱為第二屆臨時大總統，奉派北上為迎袁員之一。未幾，調任國務院祕書廳秘書長。7 月辭職。8 月，同盟會改組為國民黨，任總務部主任幹事及政務研究會幹事。11 月，袁世凱任為駐荷蘭公使。1913 年 12 月辭職。1919 年，北洋政府復派其出任駐比利時公使。巴黎和會揭幕時，任中國全權代表之一。[38]

---

37 有關施肇基生平經歷，主要參考：《施肇基早年回憶錄》（傳記文學出版社）；劉紹唐主編，《民國人物小傳》（傳記文學出版社，1977），第 2 冊。

38 有關魏宸組生平經歷，資料不多，主要參考：秦孝儀主編，《中國現代史辭

　　按駐比公使魏宸組曾任「臨時國際政務評議會」評議員、「戰時國際事務委員會」特別委員；在外交部籌備加入戰後和平會議事宜時（陸徵祥任內），魏氏擔任歐戰議和籌備處處長。因此，魏宸組對籌備和會工作相當熟悉，並且擅於擬寫中文公文，故入選為全權代表。[39]

三、內部衝突

　　中國和會全權委員雖然發表，但在排名順序上卻煞費躊酌。按照和會規定，中國只分配兩席，而全權委員卻達五名之多。陸氏以外長兼首席全權，可佔一席自然毫無問題。另一席則擬由其餘四人輪流，因此排名先後甚關緊要。據梁敬錞回憶：

> 陸外長在巴黎電薦全權專使四人，其排列順序依次為王正廷、顧維鈞、施肇基、魏宸組。王係陸外長在廣州約去，有代表南方廣州政府的色彩，顧係駐美公使，施係駐英公使，魏係駐比公使，且皆正同在巴黎。陸以外長自充首席，這種安排本甚妥當，但總統府外交委員會因陸外長時常須赴瑞士養病，次席全權有管理代表團行政責任，而王與北方政府不通聲氣，對於近年北政府外交事務亦不熟悉，恐陸外長養病去後，政府與代表團之指臂相使，易欠靈活，乃建議將王、顧席次顛倒，改為顧、王，餘則悉照原案。建議簽奉總統核

典——人物部分》（近代中國出版社，1985）；劉真主編，王煥琛編著，《留學教育——中國留學教育史料》（國立編譯館出版，1980），第 2 冊；沈雲龍，《民國史事與人物論叢》（傳記文學出版社，1981）。

[39] 廖敏淑，前引文，頁 56。

准後，即由印鑄局明令公布，電知陸使遵照。不料陸外長事
先已與王正廷有過次席全權之口約。王以違約相詰，即以束
裝返粵，陸外長無奈，只得仍照王正廷次席，顧維鈞第三席
之名次，正式送致和會秘書處，而國內命令之專使秩序，與
和會秘書處之中國專使名次，遂不相符。陸外長面慰顧使，
顧尚唯唯，而王仍介介。自是王、顧失和，終王之世，未能
恢復。[40]

　　北京政府更改專使秩序的命令，頗令陸外長尷尬，左右為難。《顧
維鈞回憶錄》對巴黎決定和會專使的過程有詳實而全面的報導，事
情經過如下：1 月 18 日下午，和會正式開幕前 36 小時，陸總長召
集中國代表團開會，中國駐歐各國使團團長全體到會，許多從國內
來的顧問和主要駐歐使團的參贊也出席了會議。會議要決定中國參
加和會的正式代表，以便陸總長呈請大總統頒布任命。但此類涉及
人事的問題，在座的公使沒有人願意提出任何建議。有人建議由總
長決定。這時，陸情緒激動，躊躇不決，很是為難。但他最後終於
宣布，為國家全局利益，並鑑於需要美國、英國以及當然還需要法
國幫助，擬請大總統任命五位代表（陸已在法國外交部弄清楚，中
國雖然僅有兩席正式席位，但每次與會人員可以調換，不限於固定
二人）。陸總長接著說，他想讓王正廷任第二代表，顧第三、施肇基
第四、魏宸組第五。他所以考慮讓魏任代表，是因為魏曾任外交部
和會籌委會秘書長，並擅長撰寫中文公文，對此經驗豐富，他還說，
他極願讓駐巴黎公使胡維德先生任代表，所憾席位有限，無法如願；
但是，胡雖非正式代表，將和正式代表享有同等地位。胡維德是個

---

[40] 梁敬錞，〈我所知道的五四運動〉，《傳記文學》，8 卷 5 期，頁 6-7。

具紳士風度的老式外交家和學者，態度自然地答道，他雖無特別頭銜，亦將繼續效勞，請陸總長放心，他於頭銜並無所求。接著，顧維鈞發言，此次任命以他列為第五為宜。在外交界，施博士資歷比我深，魏公使年齡比我大。而且，魏在 1912 年曾任國務院秘書長，是其頂頭上司。不管怎樣，名次對他毫無影響，他所感興趣的只是即將開展的工作。最後經過協調，確定名單排列如下：陸徵祥、王正廷、施肇基、顧維鈞、魏宸組。於是駐巴黎公使館參贊、代表團秘書長岳昭燏負責準備致和會函件，簽字後立即發出。魏宸組負責擬寫電文，呈請中國大總統按所報名單予以任命。電報也及時發出。[41]《顧維鈞回憶錄》所列的名單順序與梁敬錞所列者稍有出入，但問題尚不止王、顧之間爆發心結，還有施、顧之間也產生芥蒂。

　　而問題的癥結主要出在北京政府。大總統徐世昌接到電文後，批交外交委員會決議。外交委員會委員長汪大燮看了這份名單甚為躊躇，但認為陸無甚能力，王亦尚無外交經驗，且對和會必須南北一致，不知他的主張究竟如何？施則為怕多事的官僚，向不活動，這三人恐不足以應付局勢。汪與委員兼事務長林長民相商不決，委員會秘書葉景莘建議，只好把顧升到第二位，因為顧來電最多，且二十一條交涉後所寫的英文聲明頗為得體，汪採納了，徐世昌總統也同意變更。[42]於是北京政府公布的五位全權代表的順序為陸、顧、王、施、魏。

　　這個順序的更動，不僅引發了次席之爭，同樣也使得施肇基頗為不快。大體而言，顧維鈞與魏宸組兩人對於排名問題並不堅持，

[41] 《顧維鈞回憶錄》，冊 1，頁 173-174。
[42] 葉景莘，〈巴黎和會期間我國拒簽和約運動的見聞〉，《文史資料精選》（中國文史出版社，1990），第 3 輯，頁 551。

即使敬陪末座亦無所謂。惟施肇基似不甘殿後，頗有努力爭前之意。顧氏和施肇基有姻親關係，眼看自己的排名在施肇基之前，當即往訪施氏有所解釋，但這個解釋顯然是多餘的。顧維鈞對這段談話有生動的回憶：

> 我直奔施先生的公寓。他高興地接待了我。我說，北京剛剛來電，我從琉特西亞（Hôtel Lutetia）來，陸總長給我看了一份大總統關於任命代表的電文。我剛一提及此事，他便迫不及待地向我詢問電文內容。我告訴他後，見他面色鐵青，憮然不語。我便勸他不必為此多想，我不想接受第二代表的名次。我說：「你在外交界資歷比我深得多。至於我的工作，我覺得任何工作都同樣重要，並不存在某種工作更為重要之想。你對我儘可放心。如果你想知道是何道理，我可以告訴你，除了公務上的考慮，我還有我個人的理由：我比你年輕十歲，我比你多十年的機會。」施博士依然一言不發。談話既已無法繼續，我便去看望施夫人——我與她有親戚關係。我向她保證，我並未主動謀求代表團內的地位，前天代表團開會，我還亮明過觀點。施夫人叫我放心，說她相信我，理解我的態度，她答應我盡她之力去對她丈夫解釋這一切。嗣後，我便告辭。[43]

顧氏以 30 歲之英年，不但排名在駐英、駐比公使之前，而且高居次席之尊，招忌致疑在所難免。事實上，美國執和會之牛耳，為爭取美國在會中相助與同情，自不能不以駐美公使列於前。[44]此外，

---

[43] 《顧維鈞回憶錄》，冊 1，頁 176。

[44] 彬彬，〈我國與歐和會議談〉，《上海時報》，1919 年 1 月 27 日。

和會在巴黎召開，而會議所在地的駐法公使胡維德竟未預其選，頗令人費解。據《順天時報》報導，胡氏所以未預其選，「以其在歐戰中，駐紮最可活動之法國，不能有所活動貢獻於國家，故為政府所不愜意。」[45]事實上，陸總長在考慮名單時，曾表示很希望加入胡維德公使，但由於席位的限制，只有請其諒解。胡公使也表示，即使沒有任何頭銜，身為駐在國的公使，他仍會盡心盡力。

總之，不管如何，代表團部分成員由於排名問題心存芥蒂，互相猜忌，各懷鬼胎，已種下內部衝突，不能和衷共事的因子。代表團內部隱然分成了兩派，一邊是王正廷和施肇基，他們明顯地處處與陸總長作對，偶而顧氏也被波及。引起衝突的一個原因是，顧氏被分配到由威爾遜率領的一個委員會，負責國際聯盟成立的這一部分工作。陸總長之所以會派顧氏擔任這部分工作，主要是與他的所學有關。顧氏每次開會回來，均立即作成一份備忘錄以供代表們傳閱，同時向國內報告，有時因時間急迫，未待陸總長過目，即將電報發出。但時日一久，就成為挑錯找碴的根據。有一次，顧氏在電報中用了一個帝國主義 imperialism 的字，而被王正廷、施肇基二代表指責，認為顧氏仍心存帝制，希望中國恢復君主專制，完全曲解了原意。[46]此外，像要求撤換代表團秘書長事件，以及代表團內部開會座次的爭執問題，在在顯示內部問題重重，暗潮激盪。

一般而言，支配中國代表團的主要人物是王正廷與顧維鈞，兩人均較陸徵祥年輕，且同在美國受過西式教育，王氏且被視為代表團中最富侵略性之人物，但他對於顧氏的辯才仍得禮讓三分，陸徵

45　《順天時報》，1919 年 1 月 23 日。
46　《顧維鈞回憶錄》，冊 1，頁 181。

祥雖出身廣方言館與同文館，惟其所受教育仍為傳統舊式訓練。在
政治上，他代表保守勢力，傾向於比較溫和之政策，他的和藹可親
與不願說「不」字，不僅使他面對日本的交涉處於不利地位，而且
受制於中國代表團內較富侵略性之團員。在和會期間，他處處表現
出軟弱沒有主見，需要別人支持。陸氏的敵人認為他是個親日派，
甚至貪污不法，此種批評雖略嫌過分，不過他於和會期間，未能在
中國代表團中建立起堅強而有力的領導權，則為不爭之事實。[47]

---

[47] Russell H. Fifield, Woodrow Wilson and the Far East: the Diplomacy of the
Shantung Question （Archon Book, 1965）, p. 183.

第三章
和會經過及對中國問題的處理

第一節　中國代表團的事前交涉

　　巴黎和會之召開，對中國而言，當務之急是要獲知中國能在和會上得到多少同等數目的代表。據顧維鈞回憶，中國駐巴黎公使從法國外交部得到的印象也如同從華盛頓得到的印象一樣鼓舞人心：中國想派多少代表都可以，只是席位問題要取決於和會每次會議所涉及的內容。北京政府，特別是外交總長陸徵祥對此相當樂觀，因為協約國在當初拉攏中國參戰時曾答應，中國如果參戰，戰事結束後將在和會上以大國相待。英、法政府駐北京使節又以照會將這個空泛的許諾進一步確認。因此，陸總長對這一正式確認極為信賴。[1]

　　不料當戰事結束，在組織和會時，中國不但沒有被當成像英、美、法等大國相待，而且被歸在第三類，只獲得兩席。職是之故，爭取更多的席次，成為中國代表團首要的奮鬥目標。而這種努力，

---

[1]　《顧維鈞回憶錄》，冊 1，頁 166-167。

不僅是公開的，也在幕後多管道進行，代表團重要成員人人有責，
從各方面活動。

　　陸徵祥一行於 1919 年 1 月 11 日清晨抵達巴黎，下午隨即召開
代表團會議，討論中國代表團席次問題。為了爭取更多席位，陸徵
祥與胡維德公使於 13 日拜會法國外長畢盛與即將出任和會主席的
法國總理克里孟梭，對他們寄予極大希望。但法國外交部的反應卻
令人沮喪。他們解釋說，一個國家在和會上的地位是要由該國在戰
爭中為協約國所做過的努力來確定的。陸引巴西有發言權的代表已
由兩席增至三席為例，與法外交部爭辯，強調也應照此對待中國。
但是，對方說，中國對協約國方面實際幫助甚少，而巴西海軍巡弋
南大西洋，保護了協約國運軍火的船隻，對協約國貢獻甚大。[2]

　　與此同時，顧維鈞與施肇基分別與美、英代表團再次就席位問
題進行磋商。早在去年 11 月下旬，當顧維鈞還在華府時，便多次走
訪美國國務院，希望得到關於和會組織方式以及協約國方面將有哪
些國家出席和會的準確消息，並與威爾遜總統親密顧問豪斯上校
（Colonel House, 1892-1904 年任德克薩斯州長顧問，其中一位州長
授予他上校榮譽軍銜，故得稱）保持聯繫，打聽威爾遜總統對未來
和平組織問題的看法。不管如何，11 月 25 日，顧維鈞抓緊離美赴
法前的時間，向美國國務卿藍辛遞交了一份非正式備忘錄，明確表
示中國準備向和會提出的要求將基於三個原則，即領土完整、維護
主權和經濟財政獨立。根據領土完整原則，中國將要求取消外國在
華租界和租借地，這些租借地包括膠州灣、大連、威海衛、廣州灣
和九龍；根據維護主權原則，中國將要求取消《辛丑條約》規定的
外國軍隊在京津地區的駐兵權以及領事裁判權；根據經濟和財政獨

---

[2]　同上書，頁 172-173。

立原則，中國將要求獲得關稅自主權以及列強取消在華劃分勢力範圍的政策。[3]

雖然國務卿藍辛保證，對備忘錄中所述之希望，美國是同情的淡顧維鈞為了直接瞭解威爾遜總統對中國問題的立場，翌日又去白宮拜見了威爾遜，當面聽取威爾遜總統的回答。雙方會談的內容，顧維鈞有扼要的敘述：

> 他的回答進一步證實了美國的同情態度。他對我將赴巴黎表示高興，並希望我和美國代表團保持聯繫。但是顯而易見，他心想著的還是他的那個和會方案。他對我詳談了他對和會的希望，反覆申述他在著名的「十四點」中論述的原則。他說，要想世界永久和平，必須有一個新秩序。不應再用老一套的外交方式來解決戰爭問題，戰勝國不應要求割地賠款；應該廢除秘密外交；應該通過建立維護世界和平的組織來創立新秩序。……他明確表示，希望中國在和會上支持建立國際聯盟。……我當即向威爾遜保證，中國一定支持。[4]

關於席位問題，美國代表團一如既往，深表同情。他們向顧保證，威爾遜總統將給予支持。他們還指出，席位問題不僅關係到中國利益，與其他國家也有關係。例如，巴西和西班牙也請求增加席位。然而，中國代表們的四處奔走共同努力，並未能帶回多少鼓舞人心的消息。與英國方面接洽的結國，同樣徒勞無功。在僅有美國表示將支持中國的要求下，當時中國代表團的盤算，如不能獲得五

---

[3]　錢玉莉，〈顧維鈞〉，收入石源華主編，《中國十外交家》（上海人民出版社，1999），頁 244-245。
[4]　《顧維鈞回憶錄》，冊 1，頁 169。

席，至少也要多於二席。[5]不管如何，中國代表團只能且戰且走，因為和會即將在 1 月 18 日正式揭幕，許多重要的問題需要大家共同去面對。

第二節　從「十人會」到「四人會」

巴黎和會於 1919 年 1 月 18 日在法國外交部大廳正式拉開帷幕，這是第一次大會，其後共曾召開大會五次，但一切問題，均在會外討論，由主要各國代表決定，大會僅為形式的通過而已。[6]

由於參加之國家過多，若一切問題均由與會各國代表共同討論，則會議殊難迅速獲得結果，且英、法等大國亦不願見會議由小國操縱，於是乃成立所謂「十人會議」，專由英、美、法、義、日五強各派出二人出席，他們是美國威爾遜總統與國務卿藍辛，英國勞合‧喬治總理與外長巴爾富，法國克里孟梭總理與外長畢盛，義大利總理奧蘭多與外長桑尼諾男爵（Baron Sonnino），日本牧野伸顯男爵與西園寺公望。凡事先行討論，獲得解決以後，再提交全會，因此「十人會議」有最後之決定權。「十人會議」自 1 月 12 日至 3 月 24 日，每日開會二次，討論一切問題。嗣因所議之問題繁劇，「十人會議」尚感人數過多，進行遲緩，且易洩漏會中消息。故自 3 月 24 日後，「十人會議」改組為「四人會議」，由英、美、法、義四國各派一人出席；另組一「五人會議」附屬於「四人會議」之下，由

5　《顧維鈞回憶錄》，冊 1，頁 173。
6　黃正銘，《巴黎和會簡史》（商務印書館人人文庫，1970），頁 46。

四強之外長與日本代表組織而成，一切重要問題皆由此「十人會議」或「四人會議」決定，但每凡討論一問題時，與該問題有關之弱小國家如被邀請，得派員列席。「四人會議」中雖無日本代表，但遇討論遠東問題時，日本仍得參加。是以在「十人會議」與「四人會議」中，日本均有代表參加，而中國須被邀請，方得列席。[7]

在大會中，中國雖只獲得兩席，但中國南北兩方之代表得輪流出席。且在和組織之各種委員會中（其總數將近六十），中國代表亦被選為若干委員會的委員，例如顧維鈞擔任「國際聯盟委員會」委員，王正廷與施肇基為「財政及經濟委員會」委員。但代表團的主要注意力，仍集中於向大會提出的說帖上，大家期望「十人會議」能將中國的案件提出討論，可是沒有想到這個日子很快便來臨。

自 1919 年 1 月上旬，中國代表團的人員陸續抵達巴黎後，全權代表與駐歐各國公使及秘書長等每日或隔日即召開會議一次，以溝通意見並傳達聯絡事宜，計和會期間共舉行七十五次的代表團會議。1 月 27 日，代表團正像往常一樣在一起午餐並討論問題的時候，美國國務院東方司司長威廉斯（E. T. Williams）電告顧氏說，中國代表將在當天下午出席「十人會議」，陳述山東問題，因為日本代表在當天上午的會議中，提出了繼承的德國在山東租借地的要求。威廉斯為此甚表焦急，認為中國對這項出席應該有所準備，他並補充說：稍後大會秘書處就會送來正式通知，顧氏立刻將這件消息告訴同僚們，由於消息來得太突然，代表們一時有點驚惶失措。當時一起用餐的有施肇基公使、王正廷、魏宸組、胡維德公使已吉岳昭燏秘書長，陸總長由於身體不適沒有在一起用餐。[8]

7　張忠紱，前引書，頁 258。
8　《顧維鈞回憶錄》，冊 1，頁 183。

　　岳秘書長建議，先以電話詢問大會秘書長都塔斯塔（M. Dutasta），得知大會果正準備邀請函，一俟簽字過後，立即送來，大家聞訊，一時均默默無語，顧氏回憶說：「在那一刻，所有內部的不和諧似乎都消失了，每個人都警覺到下午的會議對中國的重要性。」[9]不久，大會的邀請函送達，上面載明開會的時間是下午三點鐘，於是岳秘書長立即上樓向陸總長報告，但陸總長身體極感不適，恐怕無法出席下午的會議。面臨這重要時刻，代表們只得另行商議出席的人選，由於代表團在一開始即曾為排名問題而鬧得不快，因此顧氏建議由王、施兩人前往，但施公使立即回絕說：「我不想去，我不是準備這方面問題的，如果說該派誰去，你才是最適當的人員，因為你對這方面的問題一直很注意。」顧氏回答說：「雖然大會要兩個人出席，但我相信只需要一個人發言，所以王全權代替陸總長發言，現在時間緊迫，我們就不需要太客氣了。」然而，王正廷卻表示，如果他非去不可，他願意去，但他不能發言，還是由顧氏來代表中國發言。顧氏聽了隨即說：「我是不會去的，應該由王、施兩位代表去，雖然我曾對這個問題作過研究，但對於最後結論卻尚未準備好。而且，甚至連我們代表團也都還沒有討論過這個問題。」[10]

　　從以上這一段對話，充分反映出代表團準備上的弱點。會前，北京政府曾為南北聯合選派代表而努力，希望能給外人一個「統一的中國」的印象，參加的人員也曾極力爭取過，希望自己受到重視，但是在參與和會最重要的目的上，卻鮮有人注意。中國想收回國去不平等條約所失去的利權，以及新近因受日本威脅而簽訂的「二十一條」，這是中國參戰的主要目的，以中國出席和會的最大希望，然

---

[9] 同上註。
[10] 同上註，頁 184。

而，代表團所作的準備工作，竟然如此不足！代表團從國內啟程時，
的確帶來了一丁字箱的資料，然而卻在運往巴黎的途中遺失；而駐
紮國的公使，對國內的實情似乎隔膜很深，對問題也沒有深入的了
解，他們所期望自己的，似乎只是在中國和駐在國間做一番協調的
工作，然若駐在國不再理會這些協調，則代表們就一愁莫展，而無
法真正就問題來爭取朋友，打擊敵人。[11]

　　代表團商議人選的結果，由於施公使的堅持不出席，於是就由
王正廷與顧維鈞兩人前往。顧氏對王氏說：「因為你是第二全權，所
以理應由你代表陸總長發言」，王氏卻答道：「大家都知道，我沒有
準備，而你卻準備了。」最後顧氏說：「好吧，如果你堅持的話，我
來發言。我只有一個條件，當他們請中國代表團闡述觀點時，你要
起身宣布請你的同僚來代表中國講話。你只需說這一句話。」王回
答說，如果你堅持，他可以這樣做。於是，就此達成最後協議。[12]

　　當顧、王兩人抵達會場時，時間正好三點，這是和會開幕以來，
中國代表的第一次正式出席，也是「十人會議」純就山東問題提案
討論，和中國利益息息相關的第一次。王、顧二人抵達時，會場已
有二、三十位代表坐於主席右側，日本代表牧野男爵坐中央座位上，
顧、王二人就坐在主席的左側。[13]牧野於會中提出日本政府的宣言
書，大意謂：日本政府以為，應要求德國政府無條件讓與（1）膠州
灣租借地以及鐵路並德人在山東所有他種權利，（2）所有德國領有
之太平洋中赤道以北各島並其上各種權力財產。次述歐戰開始後，
德國以膠州灣為海陸軍根據地，深為國際貿易航行之障害，日本為

---

[11] 王鳳真，《顧維鈞與巴黎和會》（東海大學歷史研究所碩士論文，1981），頁
93-94。
[12] 《顧維鈞回憶錄》，冊1，頁184。
[13] 同上書，頁185。

維持遠東平和起見，根據 1911 年英日條約，與英國商定，致最後通牒於德國，要求交出膠州灣，以便將來歸還中國，日本因未得德國依限答覆，乃與英軍開始為軍事行動，占領膠州灣及膠濟鐵路。日軍自占領膠洲灣及膠濟鐵路後，凡從前德國享有之權利，自是悉為日本占有，德國在遠東軍事上、政治上之根據，因以破毀，商業交通，乃得恢復無阻。日本為剷除德國勢力，犧牲不少，故不能任德國勢力復活。因此日本對德要求，實為正當而又公平。日本對英、法、俄、義四國關於上述兩問題之秘密諒解，亦在此次會議上公然發表。中美兩國代表聞有五國諒解之存在，頗為驚愕。[14] 顧氏當即聲明，關於膠州問題，應由中國陳述理由後，再行討論，主席克里孟梭應允。於是「十人會議」決定於翌日聆悉中國代表之言論後再議。

是日，陸徵祥即電外交部，報告會議經過，並深以日方要求為慮。為謀對策，陸氏主張，「將所有膠州及膠濟鐵路以及一切附屬權利，須歸中國政府管理。」並建議，「由政府將此合同提交議會，與議員接洽，令勿通過，以民意為政府後盾」，以便「將來爭辯時易於措詞，即某國（指美國）幫忙亦較易為力。否則，日、英團結，美易孤立，不能襄助中國，則途將不之所屆。」[15]

翌日，「十人會議」重行開會，中國方面仍由顧、王兩代表列席。顧氏由王氏介紹，即席做了約半小時的報告，大意謂，就歷史、地理、文化、經濟各方面，及民族領土完整之原則而言，膠州租借地、膠州鐵路及其他一切權利應直接交還中國，此為中國當有之權利要求。他甚至把孔子比做耶穌，山東比做耶路撒冷，強調中國不能放棄山東，正如西方不能失去耶路撒冷一樣。他說山東為中國兩大聖賢——孔

---

[14] 王芸生，《六十年來的中國與日本》（天津：大公報社，1933），冊 7，頁 239。
[15] 同上註，頁 240。

子、孟子所誕生、中國文化所肇始。至於日本為中國逐出德國在山東之勢力，雖應為中國所當竭誠申謝，但中國政府不能割讓中國人民天賦之權利以為酬勞。日本代表牧野則謂，膠州自日本占領後，事實上已為日本領有，況中、日兩國對於膠州租借地及膠州鐵路已有成約，日本於交還前應自德國獲得自由處分權。顧代表即答辯謂，日本曾向中國及世界剴切聲明，日本不欲將日本自德國取得之山東租借地及他項權利據為己有，中國已深信不疑，今牧野男爵復如是聲言，本全權尤為欣悅。但歸還手續，中國主張採取直接辦法，以免迂迴。至於日本代表所提及之約定辦法，中國在當日承認此項約章，係在武力壓迫之下；在中國視之，此項約章至多亦不過為臨時暫行之辦法，仍需由此次會議為最後之審查解決。況自中國對德宣戰以後，一切情形與前迥乎不同，且中國對德宣戰文中業已聲明，中、德兩國間所定之一切約章概行廢止，加以中德租借膠州條約中原曾規定，德國不得轉讓他國。中日雙方代表在此次會議中之辯論即此而止，但威爾遜於會議中曾詢問日本代表，擬否將日方所提及之「成約」於會議中提出，牧野謂須請示日本政府，顧代表答以中國政府即願提出。[16]

事後，顧氏對當日的情景如此回憶：「那是一次即席的演講，但由於我一直都很注意研究山東問題，胸有成竹，所以就很有系統的陳述我的聲明。」顧氏一報告完畢，中國代表團立即有人鼓掌叫好，威爾遜總統、勞合·喬治、巴爾福、藍辛等人都走過來與他握手道賀，威爾遜與勞合·喬治並稱讚這是一篇以中國觀點看山東的卓越論述，克里孟梭也表示讚賞，並希望得到一份剛才論述中國觀點的書面聲明。[17]由顧維鈞的傑出表現，在「十人會議」中引起熱烈的

---

16 張忠紱，前引書，頁128。
17 《顧維鈞回憶錄》，冊1，頁186。

反應，與會代表咸認為這對中國是一個好預兆。當日的晚報也刊載了有關會議的種種，對於顧氏發言在會上引起熱烈反應一事也詳加報導，所有這一切，都帶給中國極大的希望。

中日雙方代表在巴黎和會辯論的消息傳至北京後，國人咸感振奮，認為在中國對外關係上已開闢一新紀元。各界紛紛致電中國代表，請堅持主張到底，不可退讓，且有主張應要求無條件廢止中日兩國間自 1914 年以來所訂立的一切約章者。中國國內和議南方首席代表唐紹儀亦致電北京大總統徐世昌，請堅持中國代表之主張，並表示願以全國之力為後盾。北方首席代表朱啟鈐亦電北京政府，請勿對日本屈服。北京政府因日本公使小幡酉吉之抗議，初本不敢對日本過於激烈，大總統徐世昌與國務總理錢能訓雖傾向於贊助中國出席巴黎會議代表之主張，但閣員中親日者頗懼因此開罪日本，日本將不肯在借款中國。是以北京政府致中國代表之訓令，在先尚囑勿發表中日兩國間所訂之秘密文件。且北京政府認為該項文件是否有效，本屬疑問，今一旦公布，或反將增加其效力。及舉國輿論激昂，表示一致，北京政府乃復電令中國代表，對中、日密約公布問題，囑就近斟酌辦理。[18]

中國出席和會之代表見國內輿論一致願為後盾，奮鬥因而愈力。2 月 15 日，中國代表向大會提出一關於山東問題之說帖，重申前意，要求膠澳租借地、膠濟鐵路暨其他關於山東省之德國權利應直接交還中國。該說帖首述德國租借地權暨其他關於山東省權利之緣起及範圍，次敘日本在山東軍事佔領之緣起及範圍；繼之說明中國要求歸還之原因，謂膠州租借地原為中國山東省之一部分，以歷史、人口、經濟、形勢、國際關係各方面言之，均應歸還中國；末

---

[18] 張忠紱，前引書，頁 260-261。

敘應直接歸還中國之理由，謂直接歸還之程序簡單，且可以增加中國之國家威信，中國不能承認其領土之權利受他國戰爭之影響，日本不能以軍事佔領者之地位，遂獲得所佔土地或產業之主權，1915年中、日訂立關於山東省之條約，及 1918 年之合同與換文，致多不過為暫時之辦法，必須經和平會議為最後之修正，因其所涉問題本係因戰事而發生，且自中國加入戰團之後，依據事變境遷之法理，1915 年之條約已根本失其效力，況中國對德宣戰文中已聲明，前此中、德兩國間所訂之一切約章概行廢止，且膠州租借條約中尚有不准轉租之明文，而 1900 年中德膠濟鐵路章程中亦有中國國家可以收回之規定。[19]

　　山東問題原與民四條約有密切關係，因 1915 年 5 月 25 日所訂關於山東省之條約原規定有：「中國政府允諾，日後日本國政府向德國政府協定之所有德國關於山東省依據條約或其他關係，對中國享有一切權利利益讓與等項處分，概行承認。」是以中國代表提出關於山東問題之說帖後，復向大會提出一廢除民四條約之說帖。該說帖首述日本提出二十一條之背景，次敘二十一條之性質在獨吞中國，繼之說明 1915 年中日條約應行廢止之理由，而列舉五端以為結論：（1）因 1915 年之條全因歐戰所發生，而條約中所擬定之事件，其解決權利又完全屬諸和會；（2）因 1915 年之條約違反各協約國所主持之信條，即所謂公道正義，為今日和會所視為金科玉律，而為解決各國事務以免除減少將來戰事之標準者；（3）因 1915 年之條約破壞中國之領土完整與政治獨立，即英、法、俄、美四國曾與日本所訂條約擔保者；（4）因 1915 年之條約係先以恐嚇使中國不得不與之磋商，繼以最後通牒逼使中國不得不簽字而訂結者；（5）因 1915

---

[19] 同上註，頁 261-262；金問泗編，《顧維鈞外交文牘選存》（上海，1931）。

年之條約本非定局，即日本亦自知之，故於中國將加入戰事之時，日本設法與他國訂立關於山東之秘密條約，其實違反交戰國所承認之和平基礎正義。[20]

除上述兩主要說帖，旨在收回戰前德人在山東省內之一切利益及取消民四條約外，中國代表尚希結束德、奧等戰敗國家在華之政治與經濟利益，並取消外人在中國享有之一切特殊利益。是以中國代表於 3 月上旬復向大會提出一關於對德和約之說帖。該說帖共分九款，第一款聲言因中國對德宣戰之故，中國與德國訂立之一切約章均已廢止，是以德國自該項約章中所獲得之一切權利與利益，在法理上應認為均已歸還中國，不復存在。德國在山東省內之租借地以及他種利益，均應作如是解釋；惟中國政府自願於收回膠澳後，將青島及山東省內其他適宜之地方開放通商。第二款聲言中國願與德國以平等互惠之原則重新訂立通商條約，德國應放棄最惠國條款。在中德新約成立之前，德國對華之商務應與無約國之商務受同一之待遇。第三款要求德國放棄自中、德絕交至中國宣戰期間德國應得庚子賠款之部分。第四款要求德國將德國在華之公家財產，除使領館之財產外，全數讓與中國。德人在華之私人財產，中國政府均願發還。第五款與第六款要求德國賠償中國因戰事所受公私之損失。第七款要求德國賠償中國於戰爭期中對於德國在華兵士與僑民給養之費用，但德國對於中國在德僑民所需之給養，可於此中扣除。德國於庚子事變期中自中國奪取之天文儀器美術品等物，均應歸還中國。最後，中國要求 1911 年在海牙簽訂之國際禁烟條約，德國應付諸實施。[21]

---

[20] 張忠紱，前引書，頁 262。
[21] 張忠紱，前引書，頁 263。

繼對德和約之說帖後，中國代表於 4 月中，再向大會提書一關於外人在中國特殊利益之說帖。在該說帖中，中國要求之範圍極為廣闊，其要求之標題如下：（1）廢棄勢力範圍；（2）撤退外國軍隊巡警；（3）裁撤外國郵局即有線無線電報機關；（4）撤銷領事裁判權；（5）歸還租借地；（6）歸還租界；（7）關稅自主權。上述外人在中國之各種特殊利益並非因歐戰而發生，中國亦自知之，是以中國代表提出此種問題之目的，只在求得於和會中規定一原則，以為此後列強對華政策之南針，使外人在華之特殊利益得以逐漸撤銷。[22]

中國代表提出之說帖，自政治與道德的立場言之，理由甚為正大；但日本代表之反駁，完全基於法律之立場。日本代表認為，1915年中日兩國所訂之條約，及 1918 年訂立之合同與換文，均有法理上之根據，且非為暫時之辦法。縱謂 1915 年之條約，可以因中國對德宣戰而廢止，但 1918 年中國駐日公使章宗祥與日本訂立濟順、高徐二鐵道借款之合同時，關於山東問題之換文，中國有「欣然同意」之語，其用意殊屬費解。[23]

第三節　「四巨頭」各自盤算

一般而言，巴黎和會為美國總統威爾遜、法國總理克里孟梭、英國首相勞合‧喬治「三巨頭」所操縱，他們三人實際控制了所有

---

[22] 張忠紱，前引書，頁 263-264。
[23] 傅啟學，《中國外交史》（台灣商務印書館，1972 年改訂一版），上冊，頁 338。

的決議。加上義大利總理奧蘭多，可以說「四巨頭」對和會的目標以及進行的方式各有各的盤算。

首先，威爾遜總統發表的「十四點」在國內外引起巨大的反響。第二天的《紐約論壇報》評論說：「威爾遜『只用一篇演說就改變了美國政策的全部性質，打破了它的一切傳統。他把美國帶回了歐洲，他建立了美國的世界政策』。」所謂的傳統，就是華盛頓和傑佛遜（Thomas Jefferson, 1743-1826，第三任總統）這些美國的開國元勳們對美國不要捲入歐洲紛爭中的告誡。

1918 年 10 月，威爾遜派豪斯上校到巴黎，與克里孟梭、勞合·喬治等商議以「十四點」為基礎的停戰方案。英、法、義都不同意接受「十四點」做為停戰基礎。最後，豪斯提出美國要與德、奧單獨講和相威脅。而英、法一方面不願承擔破壞停戰實現的責任，另一方面，如果戰爭繼續打下去，從俄國開始的無產階級革命的風暴，勢將席捲歐洲更廣大的地區，特別是德國。在逼人的形勢下，勞合·喬治等只好勉強地接受威爾遜的方案，威爾遜也勉強同意對若干條款「日後再議」。

隨著停戰協定的簽字和槍砲聲的停止，威爾遜頭上出現了一道聖靈的光環，在歐洲的輿論中形成了一種把威爾遜比做「救世主」的論調。而威爾遜自己也儼然以「救世主」自居，因而決定親自率領一個龐大代表團去巴黎參加和會。威爾遜的密友和助手們因為擔心他會失去「世界仲裁者」的地位，大都反對他親自去巴黎（包括國務卿藍辛的勸阻），但他執意前往。

12 月 14 日，威爾遜抵達巴黎受到了巴黎市民空前熱烈的歡迎，在這之前，巴黎歡迎外國顯要從來沒有這般熱情。《人道報》（L'Humanité）特出專刊，將他比做羅馬的神聖統治者安東尼

（Marcus Antonius）。法國總統保安卡萊在金碧輝煌的愛麗榭宮致歡迎詞時，這樣說

> 巴黎，更準確地說是整個法國，一直急切等待您的到來，您是一個傑出的民主主義者，您的言談與舉止得益於崇高思想給予的靈感；您是一個哲學家，樂於根據特殊事件尋求宇宙普遍規律；您是一個傑出的政治家，已經找到了以不朽原則表達崇高政治、道德真理。我們熱情期望，通過您個人，向美國人民表示感謝，感謝他們為捍衛正義與自由的人們提供了寶貴的幫助。法國知道美國的友誼。法國熟知您的正直和崇高精神。正是基於這種充分的信任，法國才願意與您一起工作。[24]

威爾遜還到歐洲各國首都和著名城市做了為時兩週的訪問，更是受到了像恭迎「救世主」般的接待。但在接下來的巴黎和會上卻是另一番景象。克里孟梭很快發現，威爾遜對歐洲毫無瞭解，而且要求依照原則而不是現實去改造歐洲。對克里孟梭而言，威爾遜之來歐洲，口袋裡除了十四點原則外，既無計畫，也欠缺方案。[25]一開始在程序問題上，威爾遜與克里孟梭就針鋒相對。威爾遜主張先把國際聯盟建立起來，再來討論和約，他要使國際聯盟成為整個計畫的中心，其他一切都圍繞著它轉動。可是克里孟梭的方案卻是先討論領土、賠償等問題，把國際聯盟放在最後一項，實際上就是要國際聯盟計劃淹沒在無窮無盡的爭吵和關於領土、賠償等的討價還價中。最後達成協議，國際聯盟計劃與其他方面的問題平行進行討

---

[24] 戴維・辛克萊，前引書，頁134-135。
[25] Pierre Dominique, Clemenceau (Paris: Hachette, 1963), p. 267.

論。威爾遜堅持國際聯盟盟約必須成為整個和約的一部分，批准和約就是批准盟約。英、法主張分成兩個文件，分開批准。威爾遜堅決反對。

威爾遜的目標，是要把「世界新秩序」納入他精心設計的國際聯盟體系中。而在當時，能夠在「世界新秩序」中扮演主角的，就只有美國。因此威爾遜在巴黎和會上遵循的一條原則就是：只要把國際聯盟計畫作為凡爾賽和會不可分割的一部分，只要讓美國在國際聯盟中居於領導地位，其他一切都可以讓步。最後，凡爾賽宮的「群神會」越來越像分贓會議。英、法、義、日等國正是利用了這一點，提出了各自的要求，做為參加國際聯盟的條件，而威爾遜則一一慨然滿足。例如他承認英國在海軍問題上享有特殊利益，滿足日本接管德國在山東的一切利益。威爾遜沒有要賠償和領土，而是要了國際聯盟。[26]

克里孟梭在「四人會議」中扮演了關鍵的角色。他的立場十分明確，和會必須考慮法國的需要、法國的安全、法國的未來和法國人民的期望。他與威爾遜的歧見主要在兩方面：一是他對威爾遜總統和他的「十四點計畫」十分不解。他批評說：「上帝給我們『十誡』，而威爾遜給我們『十四點』。他以為他是另一位耶穌基督降臨世界來改造人類。」[27]克里孟梭認為，威爾遜所鼓吹的「十四點計畫」自以為是、空話連篇，所講的和平是沒有勝利、沒有公平、沒有公正的和平，對於處理國際關係也沒有具體的新方法。二是對德國的政策問題。法國是1870年至1871年的普法戰爭的受害者，這次歐戰

---

[26] 李富民、李曉麗主編，《美國總統全傳》（中國社會科學出版社）下冊，頁682-684。

[27] 朱建民，《美國總統繽紛傳》，頁400。

又是主要的受害者。法國人關心的是,德國人發動了戰爭,他們要為此而受到懲罰。法國所需要的是確保德國不再對其構成威脅的和平條約。所以,不論美國有著什麼樣的理想目標,不管英國和義大利將什麼問題列入議事日程,必須消滅德國發動戰爭的力量。[28]

關於德國賠償問題,法、英之間亦有歧見。經過「四人會議」的多次激烈討論,克里孟梭在瞭解英國有意對德國讓步之後,老虎克里孟梭不禁發出虎嘯:「很不幸的我們瞭解德國人比任何人更多;我們認為,我們越對他們讓步,他們的要求就越多。所以非但不能讓步,還應粗暴以對。法國輿論所不解的是,法國人遭受德國人加之於身這麼多的痛苦和毀滅以及無數生命的損失,卻還要對侵略者採取一種寬宏大量的態度,這是危害和平。」[29]

在勞合・喬治看來,威爾遜主義太籠統,威爾遜的計畫既不受歡迎,也不可行。英國輿論頗為擔心,在戰爭中,威爾遜總統會按照自己的意志行事,損害英國和其他歐洲同盟國的利益;如今勝利到來,一個幾乎沒有遭受恐懼和犧牲的美國,在建立、維護和平的過程中,只會按照自己而不是歐洲的經驗來行事。美國人也許只看到,德國求的是他們的總統,是他居間調停才得以停戰的。這將使他們相信,與那些熱衷於流血犧牲,不能或者不願意讓戰爭停下來的國家相比,他們在道義上占有優勢,這將鼓勵他們在和平會議上追求自己的利益。[30]

奧蘭多是西西里人,生氣勃勃且和藹可親。他強調,德、奧兩國應該聯合承擔對協約國的賠償責任。他的外長索尼諾(baron

---

[28] 戴維・辛克萊,前引書,頁 103-105。
[29] Gaston Monnerville, Clémenceau, p. 648.
[30] 戴維・辛克萊,前引書,頁 286。

Sonnino）皮膚淺黑，跟他那猶太父親一樣，他主張，賠償要求建立在某些共同原則的基礎上，至於要求是否正當，數額是否合適都要進行適當的評估。克里孟梭意識到，義大利人擔心他們的國家得到的東西太少，於是建議賠償要求應該由各國政府各自提出，然後任命一個委員會進行審查。[31]

很多義大利人認同克里孟梭對德國的態度，還有更多的人堅信英國和法國在倫敦條約中做出的承諾。義大利人在戰爭中流血犧牲，他們的犧牲不能沒有任何回報。義大利準備在世界列強中占有一席之地。僅此一次，義大利將在力量平衡中發揮重要作用。[32]奧蘭多代表義大利執意要求吞併阜姆（Fiume）。由於英、法對支持威爾遜並不熱心，威爾遜不得不單槍匹馬與義大利正面抗衡。威爾遜的處境可以理解，如果他屈從於義大利的要求，便等於放棄他那「十四點原則」的「不併吞領土」的原則。最後，他還是決定反對將阜姆割讓給義大利，這就導致義大利代表團中途退出和會。[33]

第四節　山東問題的最後處理

關於山東問題，自中、日兩國代表於 1 月 28 日在「十人會議」中正式辯論後，列強直至 4 月中旬始恢復討論。迨至 4 月 14 日，協約國對德議和條約已全部完成，而山東問題尚無具體決定。日本恐

---

[31] 同上書，頁 117-118。
[32] 同上書，頁 161。
[33] 《顧維鈞回憶錄》，冊 1，頁 195。

和會拖延，遂敦促和會早日解決。[34]中國實亦盼望和會能儘速秉持公義，解決山東問題，以免遷延時日，而影響了和會對中國的決定。

4月21日，日本外相訓令其駐法大使松井，謂「日本帝國對山東青島的態度是要無條件繼承德國的權利，然後再依中日協定的條件交還給中國。如果日本的要求不能達到，就拒絕簽署國際聯盟規章。」[35]當日午前，日本代表晉謁威爾遜總統，堅持此一主張，表示日本將會歸還膠州灣，但是必須先依日本的條件而行。下午召開「四人會議」，威爾遜於會中報告日本的主張，英首相建議將德人在山東租借地讓與國聯，由國聯以託管方式處理。[36]

4月22日，「四人會議」開會討論山東問題，日本代表由牧野男爵與珍田大使出席，聲言中、日兩國所訂1915年之條約及1918年之合同與換文，並未因中國對德宣戰而廢止，中國且曾依據該約章，自日本借款日金6千萬元。同時日本代表提出約款草案數條，要求列入對德和約中（此項約款草案，後經略加修改，而成為凡爾賽和約之156、157、158三款）。英首相勞合·喬治於會中正式提出其主張，建議將德人在山東之租借地讓與國聯，由國聯以委任統治地之方式管理。日本代表至此乃提出嚴重警告，謂日本政府已有訓令，如山東問題不能獲得滿意解決，日本代表不得簽定和約。[37]同日下午，中國代表陸徵祥、顧維鈞被邀請到威爾遜總統的寓所參加會見。這次會見只有五人參加，除了美國總統、英國首相、法國總

---

[34] 張忠紱，前引書，頁266。

[35] Russell Fified, "Japanese Policy toward the Shantung Question at the Paris Peace Conference", The Journal of Modern History, Vol. XXIII, No. 3 (Sept. 1951), p. 267.

[36] 張忠紱，前引書，頁266。

[37] 同上註。

理外，另有英、法文翻譯各一。會面的性質，顯然是把上午「四人會議」有關山東問題討論的結果，轉知中國代表接受而已。

顧維鈞對這次會見的經過，有詳細的描述：

> 威爾遜首先講述和會面臨著眾多問題，而其中有些問題又是
> 如何難以找到解決辦法，山東問題就是一個最困難的問題；
> 接著，他說，法國和日本早有協議在先，在和會上支持日本
> 關於山東問題的要求，由於插進來這一情況，問題愈發難以
> 解決了。他所代表的美國現在是唯一在山東問題上不受任何
> 協議約束的國家。他說，現在提出的這個解決方案，最高會
> 議希望能被中國接受，它也許不能令中國滿意，但是在目前
> 情況下已是所能尋求的最佳方案了。然後，他便講述這一方
> 案：日本將獲有膠州租借地和中德條約所規定的全部權利，
> 然後再由日本把租借地歸還中國，但歸還之後仍想又全部經
> 濟權利，包括膠濟鐵路在內。這就是最高會議所同意的方案
> 內容。威爾遜說，當然，中國可能不待他們的陳述就已經完
> 全了解了。這可能並不合乎中國的願望，但是，目前「會議」
> 的其他成員國處境十分困難，最高會議所能求得的最佳結果
> 已能如此了。威爾遜所說的其他成員國是指法國、英國和義
> 大利。法國和英國以前曾答應支持日本要求，義大利則已退
> 出和會。
> 陸總長讓我代表他講話，這樣可以使威爾遜總統直接從英文
> 來理解意思。於是我遵命而談。我非常坦率地告訴威爾遜總
> 統，我是何等失望，方案又是何等不公。這種方案只能使中
> 國人民大失所望，而且無疑將在亞洲種下動亂的種子。我們

的觀點是，這樣的方案對中國和世界和平都無所補益。我還
向他指出，這個方案隻字未提日本歸還它在山東全部權利的
時間表。總之，中國要求不由日本，而由德國直接歸還這些
權利，這是我們要求的要點，也是我們關於山東問題備忘錄
中的要點。看來威爾遜總統對此很為同情。他說，他理解我
所講的話，但是由於美國國內形勢所致，這已是能夠為中國
謀得的最佳方案了。他又說，和會結束之後，國聯能夠對各
國所提要求重新調整並主持國際間的正義。作為國聯成員
國，中國可以在她願意的任何時候，隨時向國聯提出自己的
要求。他極力勸我們對此放心。我則力圖向他們闡明，國聯
雖然是一個很好的國際組織，但它是否能改變剛才總統所提
出的方案，中國是懷疑的。

勞合·喬治接著說，他想提個問題：中國是願意接受中日之
間早先制定的那個方案呢，還是深思熟慮之後決定採納剛才
所談的新方案？前者指的是做為 21 條的產物又被 1918 年 9
月中日換文再次認可了的中日條約，後者則明確日本只能得
到中德條約中原訂的經濟權利，而不享有膠州租借地。我跳
起來，告訴陸總長，勞合·喬治講了些什麼。我提醒陸，這
種選擇是極不公平的，兩種方案均無法接受。陸總長表示完
全同意。這時，威爾遜總統轉而問克里孟梭是否有話要講。
克里孟梭說，他完全同意勞合·喬治剛才的發言。於是，我
在和陸總長商量之後說道，勞合·喬治所提的問題使中國進
退兩難。這兩種方案都不公平，既不利於中國也無助於世界
和平事業。我又解釋說，日本的目標在於亞洲。山東是具有
重要戰略位置的沿海省份。日本在獲得山東的經濟權益，只

能為其實現建立東亞帝國、排斥西方國家利益的計畫大開方便之門。

威爾遜總統說，中國代表團或許願意對他剛才就解決方案所說的話再作考慮，或許能進一步理解到，該建議是目前情勢下所能得到的最佳方案。我提出要求，希望得到威爾遜剛才所提方案的抄件以及「十人會」討論、提出方案的會議紀錄。威爾遜總統聽後便把臉轉向勞合‧喬治，勞合‧喬治又把臉轉向漢基將軍（General Hankey）。這時，漢基說，「十人會」會議紀錄是絕密的。我便強調說，對於這樣一個直接關係到中國的重大問題，應該向中國代表團提供有關討論內容和有關方案形成過程的全部紀錄。威爾遜總統說，他將和其他同僚對此予以考慮。他又提出，中國或許願意花費一定時間來研究一下他剛才所說的話。[38]

由此次會見已可看出，三巨頭因和會歐洲問題及義大利擬退出和會、日本提出種族平等問題而焦頭爛額，威爾遜支持中國的態度也不再堅決。他確信，若要日本留在和會，若想國際聯盟得以成立，就必須把德國在山東的權利給予日本。於是原本堅決不承認以義大利與英、法等國所簽訂的倫敦密約來處理亞得里亞海問題，導致義大利全體代表退出和會的威爾遜，竟然屈服於日本與英、法等國所簽訂的密約，並癡心妄想不擇手段以求成立的國際聯盟可以公正解決中國的冤屈。[39]

顧維鈞事後的感慨和失望不言可喻：

---

[38] 《顧維鈞回憶錄》，冊1，頁197-199。
[39] 廖敏淑，前引文，頁68-69。

「十人會」的決定使整個中國代表團和北京政府深感失望。我們當時曾立即通過外交部將情況呈報總統和總理。以前我們也曾想過最終方案可能不會太好，但卻不曾料到結果竟是如此之慘。至於日本，則是如願以償。它可以先將德國在山東的領土和經濟權利直接攫取到手，然後再就租借地一事與中國談判。換言之，1918 年 9 月的換文以及 21 條受到了尊重，或者說，至少在 1915 年 5 月 25 日以 21 條為基礎所簽條約中的前幾項有關山東的條款得到了承認。我記得，陸總長和我在威爾遜寓所進行的那次談話中，我曾指出，向我們提出的這個方案無疑是以 1915 年中日條約為基礎的，但是人所共知，該條約係中國於日本提出最後通牒後被迫簽訂的。至於 1918 年 9 月換文，只是該條約的繼續。和平時期的條約，如係以戰爭威脅迫簽，則可視為無效，這是公認的國際法準則。但是，對此種種辯護，威爾遜的回答是，他也知道該方案對中國來說不是最好的解決辦法，但由於其他中國友好的國家如英、法等國的困難處境，這已是目前力所能及的最佳方案了。[40]

4 月 24 日，日本首席代表西園寺公望復以書面要求，於最短期間從速解決山東問題。適此時巴黎和會因阜姆及比利時等問題已遭遇嚴重之困難，義大利代表團於是日因阜姆問題表示嚴重抗議，離法返國，山東問題若不依日本之主張解決，則日本代表亦將退出。義、日兩國代表相繼退出後，則德國或將拒絕簽訂和約，而巴黎會議之主要目的必將因之失敗。且日本退出後，或將與俄、德二國聯盟，亦意中事。威爾遜至此已不能堅持正義，且英、法等國早已與

---

[40]　《顧維鈞回憶錄》，冊 1，頁 199。

日本成立諒解，均不能堅決反對日本之主張。中國代表有鑑於此，乃於 4 月 24 日另備說帖，提出四項辦法：（1）德人在山東之權利可先交五國暫收，以備交還中國；（2）日本應於對德和約簽訂後一年內退出山東；（3）中國願賠償日本攻佔青島之軍費；（4）中國願將膠州灣全部開作商埠，並可劃出一區域以供外人居住。[41]

4 月 25 日，「三人會議」重行開會討論山東問題，法代表克里孟梭提出日本之要求及中國之說帖並專家之報告。依據三國專家之報告，就勞合‧喬治提出之兩項辦法而論，以日本繼承德國在山東之權利，較之山東問題依照中、日兩國所訂之約章處理，對於中國為稍利，但兩種辦法對於中國均有甚大之損害。由於英、法均表示支持日本，於是經過 4 月 29 日與 30 日的「十人會議」之後，列強於山東問題達成了協議，允許將戰前德國在山東及膠州所有各項權利讓與日本，並於對德和約中做下列之規定：

第 156 款：德國允將西曆 1898 年 3 月 6 日中德條約所規定膠澳租借地，暨鐵路、礦山及水底電線等項，與其他中、德迭次所訂關於山東之各案先後所規定德國享受之種種權利及所有權或特權，完全讓與日本，尤以 1898 年中德膠澳條約所規定者為最要。至德國對於膠濟鐵路及其支路所有一切權利，連同附屬各該路之種種財產，如車站、機關、工場及車輛並礦山、礦場與興辦各礦之一切材料，及附屬於各該項財產之權利及特權，現已為日本所取得者，仍歸日本繼續享有。至德國之國有膠滬、膠煙等水底電線，及所有附於各該線之權利及特權暨財產，亦一律歸日本所得，無庸付費，並無附帶條件。

第 157 款：所有膠澳租借地內德國之國有不動產暨動產，以及關於該租借地，德國或因自行興辦各業，與因直接或間接曾支出經

---

[41] 張忠紱，前引書，頁 268。

費所應得之權利，現已為日本取得者，仍歸日本繼續享有，無庸付費，亦並無附帶條件。

　　第 158 款：自本約將來施行之日起，限 3 個月內，德國須將關於膠澳之民事、軍事、財政、司法及其他行政之檔案、簿冊、契據暨各種詳圖及公文，均移交日本。至上開之一切文件，無論現存何處，務須如期交出。至關於以上兩款所開德國之權利及所有權或特權之各條約或合同及所訂各辦法，所有其中要點，德國亦須於該期限內詳細通告日本。[42]

　　「十人會議」關於山東問題之決定，或許並非威爾遜之本意，然迫於英、法之袒日，竟為所屈。據顧維鈞分析，美國代表團的成員，除威爾遜總統之外，都對中國表示同情。顧氏曾先後會見過藍辛、懷特（White）、威廉斯（E. T. Williams）、亨貝克（Stanley K. Hornbeck）、貝克（Ray Stannard Baker，威爾遜總統的新聞秘書）、布利斯將軍（Tasker H. Bliss，美和會代表之一）等人，他們都毫無例外地對中國感到歉疚。他們說，他們對此方案失望之至；他們也很不理解，威爾遜總統何以會認為應給中國這樣一個方案。由此可見，威爾遜總統搞出這個方案，並未和自己的代表團磋商過。做為美國總統，只有他對美國負責，他有權行使自己的權威。但是，他對整個代表團的意見不予充分考慮和尊重，便接受那些方案的作法，看來仍使代表團成員普遍不滿。[43]

　　布利斯將軍在徵得藍辛的同意後，於 4 月 29 日給威爾遜寫了一封無異抗議的長信，認為支持日本對山東的要求是道義上的大錯特錯，他寫道：

---

[42] 同上註，頁 271-273。
[43] 《顧維鈞回憶錄》，冊 1，頁 200。

> 如果日本吞併一個盟國的領土是對的,那麼義大利要保留從
> 敵人手中奪過來的阜姆就不是錯的。
> 如果我們支持日本的要求,我們就放棄了中國的民主,而任
> 隨普魯士式的日本軍國主義去統治中國。即使是為了締造和
> 平,做錯事也不能算是對的。和平是人心所向,但還有比和
> 平更重要的東西,那就是正義與自由。[44]

美國駐華公使芮恩施雖不在現場,但他的感受與他們相仿。他
認為和會關於山東問題的決議是把「一種醜惡行為作為它的重大決
策」,從而「使人們喪失了對國際聯盟的一切信任」。他對美國的遠
東政策感到「極度灰心」,而於 6 月 7 日向威爾遜提出辭呈。他在辭
呈中抱怨美國不注意遠東局勢,在大戰期間「給予歐洲那些最不重
要的國家千百萬元鉅款的時候,卻沒有給中國送來一分錢」,結果驅
使段祺瑞政府投入日本懷抱,給予中國的不是援助,而是《藍辛‧
石井協定》,如今在和會上又做出了這樣的決定,凡此種種,有使美
國「喪失在中國 140 年來工作的成果」的危險。[45]

接下來是美、英等國紛紛做出安撫中國的姿態。4 月 30 日晚,
威爾遜特派員晤中國代表,述其種種為難不得已之處。5 月 1 日,
英外相巴爾福亦約見顧維鈞、施肇基兩人,代表三國會議以口頭通
知中國有關山東問題的決議。另一方面,中國代表亦在全力以赴敦
促修改方案,希望有所挽回。5 月 4 日,陸徵祥先訪比代表,旋訪
法外長畢盛,中國想對和約提出保留。惟法外長說,此事絕無可能。
理由是,如果接受了一個保留,其他國家可能也要提出他們的保留,

---

[44] 轉引自,陶文釗,《中美關係史,1911-1950》,頁 58。
[45] 保羅‧S‧芮恩施著,李抱宏等譯《一個美國外交官使華記》(北京:商務印
書館,1982),頁 278-281。

在協約國及參戰國中，許多國家都對有關自身的解決方案不完全滿意。法國人復透過中國駐巴黎公使胡維德和駐巴黎公使館參贊、代表團秘書長岳昭燏明確表示，法國肯定將拒絕支持中國代表團對山東條款所提出的任何保留。英國代表團也認為任何保留都行不通，他們和法國一樣，反對保留的立場堅定不移。施肇基與英國代表團的接觸大多透過英國代表團顧問、前英國駐北京公使麻克類爵士（Sir James William Ronald Macleay，1870-1940）。他本人是同情中國的，雖答應盡力勸說其上司，但同時他也明確指出，保留一事係關重大，希望卻甚渺茫。[46]

與此相反，美國代表團的成員除威爾遜外，大多支持中國保留，而且包括藍辛國務卿在內的幾位成員還與顧維鈞討論了保留的條件。藍辛表明，無論條件如何措辭，只要威爾遜總統不同意，美國代表團便不能支持。此外，豪斯上校表示，這種保留極難獲准，因為這會為其他代表團也提出保留開路。豪斯的態度與其他美國代表團成員不同，但是他的說法反映了威爾遜的意見。威爾遜總統拒絕支持保留，理由有以下幾點：

1.中國代表團的任何保留都將開闢先例，而那些對於和會有關決定不滿的代表團就會起而效法；

2.威爾遜總統考量最多的是國際盟約問題，該盟約在某些方面已為美國參議院所反對，而且，其他國家的代表團可能也會對盟約提出保留，特別是日本，它堅持要在盟約中體現種族平等原則。

3.他認為即使不允保留，中國也不應拒絕簽字，因為拒簽將使中國被擠於國聯之外。[47]

46　《顧維鈞回憶錄》，冊1，頁203。
47　同上註，頁204。

　　總之，中國代表團交涉力爭無效，遂向三國會議提出正式抗議。
5 月 6 日，大會宣讀對德和約草案，而其中有關山東問題的條文，
竟隻字未改。中國代表之交涉至此宣告完全失敗。中國首席全權陸
徵祥除於大會表示深切之失望外，並聲明中國對於該項條款保留。

第四章
和會簽字問題與五四運動的爆發

第一節　簽字問題的激盪

　　巴黎和會在三巨頭操縱下，關於山東問題所作之決定，深令中國失望，經我專使提出種種理由，竭力磋商，節節退讓，仍舊回天乏術。[1]當中國代表於得悉列強對於山東問題業已達成協議之後，即於5月1日致電北京政府請示辦法，並敘及中國可採之辦法有三：（1）仿照義代表辦法，全體離會返國；（2）不簽字；（3）簽字而聲明不能承認山東條款。據我國代表之意，第一種辦法因我國與義大利情勢不同，頗難仿辦；第二種辦法，膠州事雖不滿意，然尚有對德他項關係，如撤廢領事裁判權，取消辛丑賠款，保留關稅自由及賠償損失等類。且和約一旦不簽字，則對敵永立於戰爭地位，日後中、德兩國直接訂約，是否較有把握，殊屬疑問；第三種辦法列強能否允許已為疑問，且此次關於山東問題之規定，較之 1915 年與 1918 年中、日兩國所訂關於山東之約章，對於中國尚稍有利，中國縱不

---

[1]　陳三井，〈陸徵祥與巴黎和會〉，《師大歷史學報》期 2（1974），頁 197。

承認此次之規定，中國與日本兩次訂立之約章亦未必即可作廢，矧中國不承認此次之規定，或將因此開罪英、美、法三國，當亦為意料中事。[2]

　　巴黎和會失敗的消息傳抵國內，國人極為憤慨，乃有五四運動的爆發。對於山東問題處置辦法，國內及國外華僑各界憤激，主張不簽和約。先是，王正廷首先表明，若保留一層不能辦到，則無論如何，彼絕不簽字。[3]5月28日，中國代表團舉行秘密會議，對於簽字問題曾有激烈之辯論。會中，王正廷重申他的意見，從三方面分析不保留不簽字的理由：

> 就德國言，彼自顧不暇，何能害中國？
>
> 就英、法、美方面言，如果欲分割中國，此次雖簽和約，亦無可挽救。至美總統勢力近已甚薄，彼於美國國會之信用及財政上之計畫皆非前一、二年可比，此後亦不可恃，中國當自存自活。
>
> 就日本方面言，日本得隴望蜀，其志叵測，中國當以全國精神對付，此次簽約亦無益。[4]

　　觀王氏之慷慨陳詞，一面似已洞燭日本之奸，一面復已覺悟外力之不可恃，故竭力主張中國奮發圖強。而如不簽字，尚可鼓勵全國民意，並可促成南北統一。

　　駐義公使王廣圻不同意王正廷的看法，認為南北相爭是國內問題，和約簽字與否，與南北統一問題無甚關係。王廣圻傾向於簽字，

2　王芸生，前引書，頁325；張忠紱，前引書，頁276。
3　王芸生，前引書，頁351。
4　《參與歐戰和會全權委員會會議案》（中央研究院近代史研究所藏），甲，第75次會議錄。

他首先表示不簽字的三種憂慮：（1）如日本想出種種方法擾亂中國，將如何？（2）如不簽字，則與英、法、美三國脫離，倘日本以武力相加，更無望三國出而相助，將如何？（3）德約不簽，則簽約能簽與否是一問題。其次，他強調，「簽字，則國內之害在目前，不簽字，則國際之害在將來。至國際之害，將來達於何點則尚不可測。」最後王氏結論說：「就今日外交情形言，簽字則南方人民責備北方太弱，倘將來國際鉅害發生，則北方人民亦將責備南方不審國勢。」[5]

此外，王廣圻曾於 5 月 17 日電外部，陳述他對簽字的意見，內云：

> 查締約國不簽字或簽字，而將某條款聲明保留，原係消極之作用，藉免履行之義務。今膠州於事實上早為日兵佔據，而此次和約條文內之當事者為日、德兩國，若因地主之中國不肯簽字，而使日、德之間可以發生障礙，則不簽字斯有關係。所恐我不簽字，於日、德間應有之效力毫不變更，而中、日之間則兩國轉慮不能單獨取締，是徒保持日人於條約所得之權利，仍可繼續完全享受，於承認交還之間，轉可藉詞別為計畫，即其對於三國會議所允相讓等事，均可因此變計。日後我雖欲向三國宣言，彼亦振振有詞，不免擔保之責。……全權諸君目前情勢，為個人計，自以不簽字為宜，若顧國家，豈宜出此。況簽字之後，尚須國會通過，政府批准。倘日後詳察情形，實有不宜之處，則國會仍有從容操縱之餘地，手續似較相宜。[6]

---

[5] 同上註。
[6] 〈收法京王公使（廣圻）電〉，《巴黎和會與山東問題》，頁 159。

伍朝樞參議附和王廣圻意見，亦贊成簽字。他認為不簽字有三種顧慮：（1）此次和約已收回德、奧租地、租界，並取消為數不少之德、奧賠款，以此再舉練兵，中國未嘗不可以自強，不簽約則失此權利；（2）山東問題原可再提出於國際聯合會，假如不簽約，則自摒於國際聯合會之外，將來能否加入，殊難逆料；（3）簽字並不作為承認，尚有批准餘地，若不簽約，恐日本將與我為難，阻力橫生。伍氏最後指出：「南北相爭，並不因山東問題而起，故南北統一不能與國際上利害併為一談。簽字對外利多而害少，惟對國內害多而利少。」[7]

駐法胡維德公使於會中亦贊成伍氏之說法，他曾於 5 月 16 日致電外部，縷析其主張簽字的六項理由：（1）不簽字，於 1915 年～1918 年之約仍難廢止；（2）和議載明，經三大國批准即能實行，故我之簽字與否，於日本無足輕重；（3）國際聯合會於中國國際地位關係綦重，此會列在和約首章，該會辦法，國分三種：（甲）協約國，簽字者即為入會之國；（乙）和約開列之中立國，由簽字隨後邀請入會；（丙）德奧等敵國，異日入會須經該會議決。我不簽字，既自摒於甲種，列在乙種，將來入會尚需審查。（4）國際聯合會乃世界和平之基礎，弱國恃以保障獨立，故日本不堅持種族問題，義全權亦不敢冒世界不韙，以期順序入會。我若自摒於國際團體外，在勢為孤立，在理為背眾，仇我者更覺有詞，助我者莫由援手。（5）山東問題，英、法、美大使非無意助我，奈英法拘於成約，美以堅拒種族平等之故，不得不徇日本所求。三國心雖忌日，然事非得已，心實無他。我現既抗議立案，又為國際聯合國，乘伊將來尚可相機再向

---

[7] 《參與歐戰和會全權委員會會議案》（中央研究院近代史研究所藏），甲，第75 次會議錄。

國際會提出。如不簽字，徒傷三國感情。比照三國，沆瀣一氣，力能控制，全球義、日之強，尚且委心遷就，我宜保此感情，以備緩急。（6）此次和約中，對於敵國，除恢復已失權利外，尚可享受協商國公共利益。若世界和議告成，中國尚處戰局，異日單獨媾和，恐敵國多方要挾，迎拒兩難。綜此六端，足見不簽字，於山東已失權利仍未收回，於中國已得權利轉多拋棄。故胡氏主張，「似可一面抗議，一面簽押，庶不致因此缺憾，貽誤將來。」[8]

另駐日斯巴尼亞（西班牙）、葡萄牙戴陳霖公使亦反對不簽字，主張「不可負一時之氣，而忽久遠之圖」。他於 5 月 20 日曾電外部云：

> 若不簽字，則我國將在聯合會之外，勢更孤立，而日本以我既未承認，則原議自可取消，轉有藉口。三國憾我，不受調停，亦將袖手漠視，均在意中。遠東情勢終須列強互相牽掣，未便有傷感情，且中日成約並不能因此次不簽字而可作無效。……即保留一層，無論大會未必許我，縱許我保留，亦徒畀日人以侮翻之餘地，我仍無收回之能力，其害與不簽字無異。至或慮因簽字而擾及國內安寧，則膠澳一日在日人之手，民憤一日不平，簽與不簽二者與安寧之關係一也。但於對外一面，始終表示失望，簽字非所得已。而對內一面曉以膠澳歸還有日，主權未嘗有傷。熟察全局大勢，我人但當退而自省，民憤或亦可平。[9]

8　〈收公存抄交駐法胡公使（惟德）電〉（1919.5.28 到），《巴黎和會與山東問題》，頁 189-190。
9　〈收法京戴公使（陳霖）電〉，同上書，頁 188。

綜觀上述，主簽派的論點大同小異，大體不外一怕開罪日本，二不願傷協約三國之感情，使中國更形孤立。在代表團中，主張簽字者似人多勢眾，理直氣壯，惟王正廷並非勢孤力單，其意見仍獲顧維鈞與施肇基兩氏相當程度之支持，顧使指出，「日本志在侵略，不可不留意，山東形勢關天，全國較東三省利害尤鉅，不簽字，則全國注意日本，民氣一振，簽字則國內將自相紛擾」。施氏亦表示，「此次和約，各小國均不滿意，恐不能永久踐行，中國亦可以不簽字，然仍當研究。」[10]據此而論，以王氏為首之反對簽字派，於代表團高層人員中雖不一定獲得壓倒性多數，然實具有舉足輕重之影響。

陸徵祥為中日21條之簽訂人，於5月4日北京學生之棒打「賣國賊」，自不能無動於衷，對德和約既與國人初願相違，鑒於「國人目前之清議可畏，將來之公論尤可畏」，身為首席全權，陸氏面對國內外與國際層層壓力，不得不對簽字問題力持慎重。[11]陸全權為挽回大勢，一面抗議，一面再三請示政府究竟是否簽字，焦灼之狀，溢於言詞，惟於王正廷所稱，保留不能辦到，彼絕不簽字一節，陸徵祥亦表示不能「獨任其責」。[12]幸國務院回電，勉陸使詳切轉告王氏，「以國家為重，電勉共濟，俾無隔閡」。國務院同時指示，倘王氏仍堅持，則派顧使會同簽字，若顧使已行，則改派施使，「事關國家大計，政府自當與公等同負其責」。[13]如此始稍解陸氏之困窘。

---

[10] 《參與歐戰和會全權委員會會議案》（中央研究院近代史研究所藏），甲，第75次會議錄。

[11] 陳三井，前引文，頁197。

[12] 王芸生，前引書，頁351。

[13] 〈發法京陸總長（徵祥）電〉，《巴黎和會與山東問題》，頁189。

第二節　北京政府的態度

　　中國代表團於得悉和會對於山東問題業已做成決議之後，曾於
5 月 1 日向北京政府請示辦法，已如前述。

　　5 月 12 日，北京政府邀請參眾兩院議員在中南海懷仁堂茶話
會，商討對德和約簽字問題。眾議院秘書長、安福系幹將王印川發
言道：「與其簽字而斷送青島，不如不簽字之斷送，他日尚可設法，
故絕對主張，不能簽字。」13 日，北京政府再度召集兩院議員磋商，
國會方面仍然主張拒簽和約。是日，國務院密電各省督軍、省長徵
詢各方意見，同時闡明政府的初步方針是將山東問題正式提交國
會，一面電囑陸使暫緩簽字。

　　中國代表早在 5 月初就已考慮應對之策：其一，全體代表離會
回國；其二，不簽字；其三，簽字而將該條款聲明不能承認。但上
述三項在實際上並無操作的可能。5 月 6 日，陸徵祥在巴黎和會上
宣布中國政府對於山東條款「有保留之義務」。20 日，北京政府採
納了陸徵祥的意見，並向國會正式提出關於山東問題的咨文。咨文
如下：「政府熟權利害，決定對於此項草約（指對德和約），大體應
行簽字，惟山東問題應聲明另行保留，以為挽救地步，已電飭陸專
使，遵照此旨提出聲明。」美國國務卿藍辛也暗中支持中國代表將
山東問題聲明保留的立場，他稱：「因不能保留而不簽字，則咎不
在中國。」威爾遜亦在會上表示：「若不承認中國代表之請，恐致
中國不簽字之虞。」但牧野聲稱「迭接北京密電，中國政府已決定
無論如何簽字，萬無不簽字之虞。」故和會拒絕了中國政府保留案。
5 月 19 日，法國外長畢盛告知陸徵祥：保留簽字，「萬辦不到」。

英、美兩國政府也分別於 23 日和 25 日表明斷然拒絕中國保留簽字。[14]

在列強的影響下，北京政府最後考慮之結果，決定簽字，因不簽字之害凡有六端：（1）膠澳地方在實際上已為日本佔領，我國此次若不簽字，則交還一事更屬空言，於日無損，於我不利；（2）膠澳問題之所以獲得各國重行考量者，係由我國參戰之結果，我國此次若拒簽和約，則將來他國既解除其調停之責任，則膠澳問題終將由中、日兩國直接交涉，與我國初意正相背馳；（3）膠澳問題經各國此次調停後，將來日本若有逸出範圍之舉動，我方尚可根據大會之主張，請求各國協助，我國此次若不簽字，此後更無迴旋之餘地，倘若日本今後有所舉動，友邦縱欲仗義執言，將亦無所措手；（4）我國此次參戰之目的，原在對於中國所受之一切束縛均得解脫，今不簽字對德和約，則將來中國能否加入國際聯盟殊屬疑問，倘曰不能，是膠澳問題既不能因不簽字而有所挽回，而他項問題或且因不簽字而發生影響；（5）對德和約中他項有利於中國之規定，將因中國之不簽字而歸無效，將來與德單獨簽約，其結果如何，殊難逆料，且或將影響對奧和約；（6）膠澳問題既經大會表決，日本已在會中聲明將膠澳地方連同完全主權歸還中國，是交還一層，究已有相當保障。各國亦不難於將來以此決議為根據，以限制日本之侵略，中國此次若不簽字，不惟有負各國調停之苦心，抑且不啻自絕於國際聯盟之保障，各國將來更難過問，此項問題仍必留待中、日兩國自行解決，不惟此次議決辦法失其效力，即日本前此與中國所訂交還條件，抑難保日本不從此反悔，其為患較之今日會議之結果奚啻倍蓰。[15]

[14] 張憲文等著，《中華民國史》，卷 1，頁 299-300。

[15] 張忠紱，前引書，頁 277-278。

　　北京政府盱衡各種利害後，既認定簽字較為有利，乃決定第一步辦法自應力主保留，如果保留實難辦到，則主簽字，並以此意於6月23日電告我國代表，囑為相機辦理。無如此時「六三」餘焰未熄，國人仍咸注視巴黎和會之最後結果，不僅甫於18日在上海成立之全國學生聯合會，即於翌日致電北京政府誓不承認和約簽字，而駐守衡陽之吳佩孚亦於同日通電主張拒簽和約，上海商工學報各界且於22日發表拒簽和約宣言，尤其山東各界關心切身問題，曾由省議會、省教育會、省商會、省農會、報界聯合會、學生聯合會、濟南商會7團體，公舉代表109人入京請願，並通電魯籍北洋派軍人盧永祥、王占元、吳佩孚等請其聯合阻止北京政府簽字和約。迨山東代表於20日到京，向總統府呈遞請願書，要求（1）巴黎和約關於山東3條必須拒絕簽字；（2）高徐、順濟鐵路草約必須廢除；（3）賣國奸人必須嚴懲。繼而京、津學界各團體聯合留日歸國學生亦公推代表5百餘人，排隊舉旗，於27日前往總統府請願，備有公呈，要求三款：（1）不保留山東問題，決不簽字；（2）決定廢除高徐、順濟鐵路草約；（3）立即恢復南北和會。[16]

　　6月28日為對德和約簽字之期，面對國內輿論之沸騰，中國代表團在接到北京政府的指示後，不得不作最後之力爭。前一日下午，顧維鈞前往拜見法外長畢盛，提出中國希望保留的三種作法：一是在條約的正文中聲明保留；二是將聲明保留的文字附加在中國表團的簽名之後，三是在大會開始時宣布，並記在會議紀錄上，即中國在和約上簽字，但並不接受有關山東問題的條款。會談一共只持續了5分鐘，就為畢盛完全否決。他強硬表示，任何聲明，即使只是

---

[16] 沈雲龍，《徐世昌評傳》（傳記文學出版社，1979），頁507-508。

在會上宣讀並不附於約後,也難以獲准,這是由於這樣做勢必引起轟動。和會的最後一次會議只是一個形式,目的就是簽署和約,如果中國在會中作此類的聲明,就與慣例相悖,並也與協約國的步調不一致。顧使云:「中國為顧重和會全局,已一再讓步,至於極點,會中尚不能承認,深為可惜。準此情形,恐中國委員團未能簽約,我全國輿論之不平……若能保留而簽字,我全國民心必益激憤,萬一中國委員不能簽約,中國政府不能負責任,當在和會。」[17]由於法外長的斷然拒絕,中國尋求保留的希望乃告完全破滅,剩下的事只是決定簽字與否了。

不允保留就不簽字,無疑是代表團一致的意見。代表團最後的一致意見和決定是自己做出的,並非北京訓令的結果。對巴黎中國代表團來說,直到 6 月 28 日前夕,北京政府一直在扮演什麼角色是耐人尋味的。實際上,直到 6 月 28 日下午,中國代表已經拒絕出席和會全體會議之時,代表團從未收到北京關於拒簽的任何指示。[18]陸徵祥覺得如此重大事件不應由他個人決策,先是以「病累不休,養病苟全」為由,希望開去外交總長一職,並荐駐法公使胡維德接任,留歐簽字,[19]繼又因大會不允任何形式的保留,自覺「事與願違,內疚神明,外慚清議」,「致貽政府主座及全國之憂」,故乞明令開去渠外交總長暨首席全權及廷(王正廷)、鈞(顧維鈞)、祖(魏宸祖)等差缺,一併交付懲戒,並一面迅即另簡大員等籌辦對德奧和約補救事宜。[20]

---

[17] 〈收法京陸總長(徵祥)電〉,《巴黎和會與山東問題》,頁 234。
[18] 《顧維鈞回憶錄》,冊 1,頁 209。
[19] 〈收法京陸總長(徵祥)電〉,《巴黎和會與山東問題》,頁 214。
[20] 〈收法京陸總長(徵祥)電〉,《巴黎和會與山東問題》,頁 229。

　　大致而言，北京政府對於簽字問題，一直主張「為收還青島計，為參戰權利計，為國際地位計，均有全約簽字之必要。」[21]而於陸總長因病「遽萌退志」，始終慰留，著即「寬心調養，勉任其難」，至於由誰出席簽字，則傾向於由陸總長自行決定，最好由陸徵祥與王正廷專任簽字，但因王正廷堅決表示，若保留一層不能辦到，彼決不簽字，而陸徵祥亦言明不能獨任其責。最後北京的態度是：希望陸徵祥詳切轉告王正廷全權，「以國家為重，黽勉共濟，俾無隔閡」，若王氏堅辭，則派顧使會同簽字，倘顧使已行，則改派施使，「即由執事便宜辦理。事關國家大計，政府自當與公等同負其責。」[22]

　　事實上，由於國內反對聲浪的高漲以及巴黎中國留學生和華工的阻撓，我代表團最終並未出席對德和約簽字，不管如何，北京政府或五位全權代表得以免掉因簽字所負喪權辱國的歷史責任！

第三節　國內外反響與巴黎僑界的阻撓

　　「人為刀俎，我為魚肉」，半世紀以來屢遭外交挫敗、飽受屈辱的中國，舉國上下對巴黎和約無不寄予莫大的期望，更盼進而將所有不平等條約的束縛一掃而空。因此輿論關注的焦點，無非是巴黎和會開會的過程。換句話說，和會的一舉一動，都隨時牽動著海內外的輿論和民心士氣。茲分述如下：

---

[21] 〈收國務院抄交陸專使（徵祥）電〉，同上書，頁 212。
[22] 〈發法京陸總長（徵祥）電〉，1919 年 5 月 27 日，同上書，頁 189。

一、國內外反響

隨著巴黎和會的進行，國內外最關心的幾個焦點，不外下面幾項：

（一）山東的基本權益

巴黎和會討論山東問題，前後凡 3 次。1919 年 1 月 27 日、28 日十人會議 2 次，又 4 月 22 日四國會議 1 次。1 月 27 日之會，日本代表要求以膠州灣租借地暨其他權利無條件讓與日本。中國代表保留發表意見。次日開會，顧維鈞根據民族主義與領土完整原則，列舉文化經濟國防種種之理由，備言膠州灣租借地等權利應直接歸還中國。日本代表乃以中日間業有成約為言，顧氏答謂 21 條所發生之各項條約換文，當時日本以最後通牒相加，中國政府實逼處此，始予承允，亦以其所規定之問題，既由歐戰發生，則所訂各約，自中國政府視之，僅屬臨時辦法，有待和會之最後決定。況自我國對德宣戰以後，中德間一切條約，聲明作廢，時異勢遷，中日成約本已無可施行。[23]

中日兩國代表在巴黎和會就山東問題所引爆的辯論，山東各界最為關心，紛紛致電大總統、國務院、外交部、參眾兩院表示激烈意見。

2 月 9 日山東省議會議員鄭欽等電云：

> 近聞歐洲和平會議日人對於青島問題堅不退讓，並持膠濟鐵路經由中日合辦之說。彼既唯利是圖，一意侵漁，東民生命

---

[23] 金問泗，《顧維鈞外交文牘選存》，頁 6。

攸關，寧甘忍受。群情忿激，勢與拼爭。懇請即電陸使據理抗議，以保國權而平民氣。[24]

接著，2 月 17 日山東省議會亦電聲援，電云：

此次顧王兩使在歐洲和平會議與日使辯論，實為世界持正誼，非僅為我國爭主權。乃駐京日使（指小幡酉吉）恃強逞蠻，無理迫脅，直視我國等於庸屬，一息尚存，如何能忍。……懇即向日政府提出抗議，請其將該使迅行撤換，以全邦交而平民憤。至所有日人各種密約，仍懇電顧、王兩始逐件提交和平會議，請付公決，力主取消，理必求伸，勿稍退讓。摩頂捐軀，願為後盾。[25]

除山東省級民意機構義正嚴辭最之反響外，另有山東外交商權會張介禮等亦於 2 月 12 日發表相同之論調，電云：

近聞日使無理要求，蔑視我國，至於此極，若不峻拒，則國權既亡，萬世不復。懇仍電促各使盡力抗爭，勿稍猶豫，……若因府庫空虛，有需鄰國，遂隱忍退讓，甘受欺凌，則止渴飲酖，寧為得策。齊雖褊小，愛國有人，紓難毀家，誓雪侮辱。[26]

除本土聲音外，另旅津山東同鄉會長劉麟瑞亦於 2 月 9 日電曰：「報紙宣傳中日新交涉，魯省有萬險景象，旅津同人不勝駭詫，務懇堅拒，勿為所惑，致失國土權利，一面電請大使力爭，感激萬代。」[27]

---

[24] 〈收山東省議會鄭欽等電〉，《巴黎和會與山東問題》，頁 44。
[25] 〈收山東省議會議會電〉，同上書，頁 47。
[26] 〈收山東外交商權會張介禮等電〉，同上書，頁 46。
[27] 〈收旅津山東同鄉會長劉瑞麟電〉，同上書，頁 43。

　　山東問題涉及主權問題，不僅攸關省民生命財產，而且事關中國永久之福，因此全國各地商民，無不同申憤慨，尤以廣西省反應最為激烈，國務院先後收到桂省議會、南寧總商會、教育會、農會、邕寧縣勸學所、保衛團、福建詔安縣全邑國民代表唐則鳶等通電，個人方面則有張謇、梁啟超電，海外方面則有美京中國慈善會、澳洲雪梨中華總商會、留日學生會等通電，因篇幅所限，在此不及備載。[28]

　　至 4 月間，國人對和會處理山東問題，漸失其樂觀，而轉向失望，對政府則益增其不滿，以至於憤怒。4 月 20 日前後，奉天參議員與眾議員有電致政府，請取消 21 條。山東人在濟南召開國民請願大會，據聞有 10 萬 3 千餘人參加。大會通電巴黎各專使及政府，務必誓死力爭。25 日全國報界聯合發佈對外宣言。27 日，正當和會將作最後決定之時，上海全國和平聯合會亦致電政府，與山東省議會及山東國民請願大會之態度完全一致。[29]

（二）簽字問題

　　及至 4 月底，列強對於山東問題業已達成協議，中國代表團力爭結果，仍舊回天乏術，不僅代表團內部對於簽字問題曾有激烈之辯論，消息傳抵國內，國人同感憤慨，國內及國外華僑各界大都主張不簽和約。茲按日期，擇其最具代表性者，縷列如下：

　　——5 月 4 日，山東外交商榷會：「青島問題有失敗消息，魯省人民激憤異常，事關中國存亡，兼繫魯民生死，無論如何，萬難承

---

[28] 請參閱呂實強，〈五四愛國運動的發生〉，收入汪榮祖編，《五四研究論文集》（聯經公司，1979），頁 21-41。

[29] 呂實強，〈五四愛國運動的發生〉，前引書，頁 37。

認。望即電議和專使，堅持到底，拒絕署名。魯民三千萬誓願為政府後盾。」[30]

　　——5月10日，奉天省議會：「如果無可挽回，即拒絕簽字，以為最後之抵制。」[31]

　　——5月13日，國會議員何焱森等：「青島問題關係國家存亡，……誓死力爭，如力爭無效，對於此案拒絕簽字。」[32]

　　——5月13日，山東第4中學全校員生：「青島問題關係山東存亡，……勿輕簽字，寧決裂勿退讓。」[33]

　　——5月13日，浙江省議會：「如果交涉失敗，寧拒絕簽字，退出和會，以待公理之伸張。」[34]

　　——5月13日，江西督軍陳光遠、省長戚揚：「國可亡，而青島不能讓；民可殺而主權不能失。……若公理滅絕，強權橫行，惟有嚴拒簽字。」[35]

　　——5月17日，湖南省督軍張敬堯：「無論外交若何變幻，不達收回目的，絕不可遷就簽字，自行斷送。國權所在，領土所在，允宜據理力爭，不容絲毫退讓。」[36]

　　——5月17日，杭州總商會會長顧松慶：「如不得直，寧可退出和會，萬勿遽予簽字，損我主權。」[37]

---

[30]　〈收山東外交商榷會電〉，《巴黎和會與山東問題》，頁126。
[31]　〈收奉天省議會等電〉，同上書，頁131。
[32]　〈收國務院抄議員何焱森等電〉，同上書，頁143。
[33]　〈收山東第4中學全校員生鄭玉田等電〉，同上書，頁144。
[34]　〈收浙江省議會電〉，同上書，頁144。
[35]　〈收江西督軍（陳光遠）、省長（戚揚）電〉，同上書，頁145。
[36]　〈收湖南督軍（張敬堯）電〉，同上書，頁157。
[37]　〈收杭州總商會會長（顧松慶）等電〉，同上書，頁156。

——5 月 21 日，南京總商會：「遇虎於途，哀而死，毋寧拒而死。務請訓令專使堅持到底，萬勿簽字。」[38]

——6 月 13 日，湖南湘陰縣人民電：「要挾條件萬難簽字，如強權不屈，誓以鐵血相爭。」[39]

——6 月 19 日，重慶商學聯合會：「決議一致對外，不簽歐和條約，實行提倡國貨，為政府之後援。」[40]

——6 月 20 日，上海和平聯合會：「不保留而簽字，是甘心斷送。」[41]

——7 月 5 日，譚浩明等電：「以民意為從違，以軍心為依據，堅持到底，萬勿簽字，則民國幸甚，國民幸甚。」[42]

除國內群情激憤，幾乎一致主張對日本不退讓、對和約不簽字外，華僑關於巴黎和平會議的來電甚多，共 23 件，總統府禮官處竟行文外交部，著即調查來電各華僑之黨派背景，外交部亦發函駐外各領調查。在資料中僅發現駐爪哇總領事歐陽祺的報告，對華僑通電的動機與黨派問題做了詳細說明。內云：

> 爪屬華僑發此電文，蓋以歐戰告終，將來和議結果必削除人類種種不平等之待遇，故乘此時呼籲政府轉飭專使提出會議，要求所駐國政府改良一切。又恐在本島拍發，惹起當局之注意，故函寄新加坡總領館轉電，以避檢查。其目的在要求平等待遇，並無含有黨派性質。[43]

---

38 〈收南京總商會代電〉，同上書，頁 164。
39 〈收國務院交湖南湘陰縣人民呈〉，同上書，頁 212。
40 〈收重慶商學聯合會電〉，同上書，頁 221。
41 〈收上海和平聯合會電〉，同上書，頁 222。
42 〈收譚浩明等電〉，同上書，頁 236-238。
43 〈收駐爪哇總領事（歐陽祺）呈〉，同上書，頁 334。

「明足以察秋毫之末，而不見輿薪」，捨本逐末，此豈北京政府處理華僑問題之態度乎？

二、巴黎僑界的阻撓

世界和平會議在巴黎召開，留法學生與旅居法國的華工對於和會的動態耳聞目及，掌握第一手資訊，可謂榮辱與共，自是較諸國內或海外其他地方更為直接，因此扮演了更為重要的角色。

（一）中國國際和平促進會的活動

歐戰結束，和會召開之前，留法學生李宗侗（玄伯）、李麟玉（聖章）、王世杰（雲艇）、陳和銑（孟釗）、戴修駿、王鳳儀、徐廷瑚等人，有鑑於和會中必將討論山東問題，有必要聯合工、學兩界組織一個小團體，這便是中國國際和平促進會（Comité Chinois pour la Paix Internationale）成立的由來。

會址設在巴黎拉丁區學校街（Rue des Ecoles）與聖日耳曼大道（Bd. St-Germain）中間的一條小街上，街名為 Rue de Jean de Beauvais，有一大間客廳及後面的一間書房，書房旁邊還有一間小起坐間。組織簡單，並無主席或會長之設置，僅有幹事數人協辦活動。李麟玉任中文書記，周鯁生、王世杰任英文書記，李宗侗任會計兼打雜。

在中國代表團到了巴黎之後，該會邀請陸徵祥為首的五人代表團在哲人廳（Société Savante）舉行座談會。會由李麟玉作主席，李宗侗與王來廷任記錄。開會後由主席李麟玉報告開會目的，並要求代表團表示他們對於山東問題的意見。陸徵祥的回答不著邊際，其

餘的代表除魏宸組以外並沒有發言。這時同學何魯（字奎垣，四川人）走到講台前要求發言，他指著陸徵祥大聲質問，問他 21 條是不是他任內所簽定，陸徵祥無法否認，只好當眾點頭承認。到了開會已經超過兩個鐘頭有不少的學生發言之後，陸徵祥就使出他的外交手段，舉起茶杯說：「今天的話已經談好久，我很同意大家的意見，特敬大家一杯。」他不等主席宣布散會，就借題目率領代表團退走了，這是 5 月以前的事情。[44]

留法學生除了與中國代表團面對面、針鋒相對之外，還做了一件事。中國國際和平促進會曾經起草了一封請願書，訴說中國對山東的權利，請願書分英文、法文兩種，英文是由王世杰起的草，法文是由謝東發（巴黎出生，曾獲法學博士，法文造詣好，曾任巴黎使館一等秘書）、李麟玉起的草，稿子寫好了以後，就由李宗侗與李麟玉同到打字行以蠟紙複印英、法文各一百份。然後以中國國際和平促進會的名義在哲人廳召集大會，向巴黎和會請願。[45]

（二）包圍聖克盧陸氏寓所的抗爭

雖然有以上各種的舉動，但中國代表團醞釀簽字的想法並不稍減，於是而有留學生聯合華工包圍聖克盧（St. Cloud）陸氏寓所的抗爭。

出發前，學生分編兩個部隊，一為行動部隊，由李麟玉、陳和銑、王世杰、周鯁生、謝東發、徐廷瑚等領隊；一為監察部隊，由李宗侗等主持，分向各方聯絡動員，前往聖克盧集會，並監察代表團人員行動及指導在場之群眾等事項。

---

[44] 李宗侗，〈巴黎中國留學生及工人反對對德和約簽字的經過〉，《傳記文學》，卷 6 期 6，頁 41。
[45] 同上註，頁 42。

　　事先，陸徵祥已離開了中國代表團辦公的琉特西亞大旅館，不知去向，留學生透過鄭毓秀、張默君兩人的打聽，得知陸氏藏匿在巴黎西郊的聖克盧，於是在 27 日和會簽字前夕，王世杰、李麟玉等及若干華工共 30 餘人於當晚即到了聖克盧面見陸徵祥，陸口裡說不簽字，但大家對他仍舊懷疑，預備第二天再去監視他。到了 28 日一清早，共有學生與華工 40 餘人包圍了陸氏寓邸，陸的汽車已經停在門口，大家公推李麟玉一人代表進屋見他。李麟玉問他：「是不是不簽字？」陸說一定不簽字。李就說：「你要簽字，我褲袋裡這隻槍亦不能寬恕你」，邊說邊拍拍他自己的褲袋。據李宗侗回憶，這一天李的袋中的確有一隻手槍，另外這天工人中帶有手槍的也大有人在，預備等陸氏上車的時候，開槍擊毀車胎，使車子無法開動。而李麟玉本人已經寫好一份自白書，準備在打死陸徵祥之後向警察自首。可見他是有決心的。陸徵祥眼見局勢危險，亦就不敢到凡爾賽宮去簽字。[46]這是留法學生與旅巴黎華工聯合阻撓代表團在凡爾賽條約簽字的一段經過。

　　身為計畫中要參加簽字的顧維鈞代表，對於這段歷史有稍微不同的憶述，可做為相互印證和補充。顧氏回憶道：「在巴黎中國政治領袖們、中國學生各組織，還有華僑代表，他們全都每日必往中國代表團總部，不斷要求代表團明確保證，不允保留即予拒簽。他們還威脅道，如果代表團簽字，他們將不擇手段加以制止。……晚飯之後，我去看陸總長（在聖克盧），發現岳（昭燏）也在。我們一道交談了幾個小時。岳先生後來起身向外交總長告辭，要返回巴黎。……岳先生在後二、三分鐘又匆匆地折了回來。他臉色蒼白，對外交總長說，他在醫院花園裡受到了襲擊。據他講，花園裡聚集

---

46 同上註。

了數百名中國男女，很多人是學生，也有一些華僑商人。他們攔住了他，詰問他為何贊成簽約。甚至在他保證說，他不過是代表團秘書長，對簽字與否並無發言權之後，人群還是圍住不放，並揚言要將他痛打一頓。他們把他看作是陸總長的心腹，並認為陸不顧代表團其他人的勸阻，已經決定簽字。據岳先生說，人群威脅說要殺死他，其中有一女學生甚至當真在她大衣口袋內用手槍對準了他。於是他又跑了回來。事實上後來得到證明，那位在大衣口袋內用手槍對準岳氏的便是後來的魏道明太太，鄭毓秀，而槍也不是真槍，只是一根樹枝而已。」顧氏的結論是，「雖然愛國學生與華僑在那次事件中是認真的，但這一事件還是一齣喜劇。」[47]

喜劇也罷，鬧劇也好，聖克盧的這一幕，雖然表面上阻止了代表團的簽字（事實上簽字或許原本就不會發生），但比起五四那天北京各大中學生的「火燒趙家樓、棒打賣國賊」那種轟轟烈烈的作為，又似乎溫和理性多了。當然，若「六二八」與「五四」相比，其歷史地位又何其微不足道也。

第四節　山東問題與五四運動的爆發

顧維鈞曾謂：「和會對中國問題的不利決定已經引起人們的極大不滿，而且，對於五四運動的爆發，它即使不是唯一的原因，也是一個主要原因。」[48]

---

47 《顧維鈞回憶錄》，冊 1，頁 207-208。
48 《顧維鈞回憶錄》，冊 1，頁 206。

一般教科書對山東問題與五四運動的關係頗多論列，張玉法認為，五四運動爆發的直接導火線是歐戰後中國在巴黎和會上的外交失敗，[49]郭廷以則視山東問題為五四事件發生的近因。[50]林明德更明白指出，「五四運動的起因，主要是外交的失敗，尤其對日屈從，以及日本在華經濟勢力的膨脹。巴黎和會的強權政治與段政權的誤國，終於使國人同感激憤，並由一群對民族主義有所覺醒的學生，發起遊行示威運動。由此可見，激起學生與民眾愛國運動的原因是日本，而運動的重要課題之一——抵制日貨，也以日本為對象。」因此，林氏的結論是「五四運動是中國民族主義革命的起點，而激起此一運動的則是日本帝國主義的侵略。」[51]李雲漢亦同樣強調，五四運動的起因，「係由於巴黎和會的外交失敗及北京政府賣國密約的揭露，其中心主張為『外爭主權，內除國賊』，其基本信條則是『中國的土地，可以征服，而不可以斷送；中國的人民，可以殺戮，而不可以低頭。』毫無疑問地，這是民族主義思想和愛國情緒的發揮。」[52]

山東問題透過巴黎和會這個舞台一幕幕的演出，如何緊扣國人的心弦，怎樣挑動國人民族主義思想和愛國情緒？且讓我們隨著時間的流動作一扼要回顧。

自第一次世界大戰開始，中日關係便是中國最急迫、最煩難的問題。1914 年 8 月 15 日，日本對德國提出最後通牒，要求在 9 月 15 日前把「膠澳（即膠州灣）租界地全境」移交日本。不過同時應許事實上將「交還中國」。這種諾言從開始就為國人所懷疑。第二年，1915 年，日軍便不顧一切強行佔據了膠州，最後還實際上佔領了山

---

[49] 張玉法，《中國現代史》（東華書局，1977），上冊，頁 318。
[50] 郭廷以，《近代中國史綱》（曉園出版社，1994），下冊，頁 586。
[51] 林明德，〈日本與五四〉，收入汪榮祖編《五四研究論文集》，頁 108-109。
[52] 李雲漢，《中國近代史》（三民書局，1985），頁 345-346。

東省的大部。山東是中國兩大聖賢孔子和孟子所誕生，中國文化所
肇始，實人民之聖域，又在經濟上、軍事上都居於重要地位。日本
不但無意履行交還的諾言，反而對中國提出了最嚴苛的 21 條要求，
並且強迫中國政府在 5 月 25 日簽訂了損害中國主權的中日協約。

因此，當 1918 年 11 月 11 日歐戰結束時，中國人歡喜若狂，無
不希望在戰後列強會以公平的解決來改正上述這種無理的欺凌。中
國新知識分子領導人還抱著更大的希望，11 月 17 日慶祝協約國勝
利時，大批的學生和教師參加北京約 6 萬人的大遊行，蔡元培在大
會上發表演說，表現了非常樂觀的態度，胡適、陶履恭也以為這次
戰爭摧毀了秘密外交的觀念和實施，禁止了破壞法律，制止了軍事
干涉政治，和擊敗了獨裁制度。他們更假定德國自 1898 年以來佔有
的中國土地和所有權都會歸還中國，而與日本所簽訂的中日條約和
協定會在緊接著的巴黎和會裡重新調整。

可是，這種錯覺到 1919 年 1 月 18 日巴黎和會開始後，就不能
維持太久了。自巴黎捎來的消息透露，日本會接替德國在中國的地
位，而且情況可能會比以前更惡劣。從巴黎傳來的第一個震驚中國
人的消息是，日本代表牧野伸顯 1 月 27 日在五強會議上宣布：英、
法、義三國曾在 1917 年 2 月和日本簽訂秘密協定，保證在戰爭結束
後「援助日本要求割讓德國戰前在山東及各島嶼之領土權」。有了這
種秘密保證，日本在和會裡的要求便顯得更有被接受的希望，而中
國所賴以為奧援的美國卻變得孤立無援了。

此外，日本代表又在翌日續開的五強會議上，透露了北京政府
先前和日本的一些秘密妥協，這使情況變得更加複雜。原來因為要
在山東省境內建築濟（南）順（德）與高（密）徐（州）鐵路，北京
政府曾在 1918 年 9 月 24 日與日本商談秘密借款（西原借款之 20），

因而把這兩條鐵路的一切財產收入作為借款的抵押品。同日，日本外務大臣後藤新平對中國提出關於處理山東問題的七項建議，主要內容是：日本沿膠濟鐵路的駐兵將集中於青島，而派一支隊駐於濟南，護路隊要用日本人擔任警長和教練，鐵路完成後由中日共同管理。對這些提議，駐日公使章宗祥於 9 月 25 日在換文裡回答說：「中國政府對於日本政府右列之建議，欣然同意。」9 月 28 日章宗祥便與日本簽訂濟順、高徐二鐵路借款預備合同。濟順、高徐鐵路的借款和關於山東問題的換文給予日本法律上以根據，用來要求山東和有關鐵路的權利。1919 年 1 月 27 日晚，美國代表團從顧維鈞那裡知道中日借款和協議。他們立刻向中國代表解釋，這些協議使美國支持中國發生困難。日本在和會上提出山東議案時，是依據中、日 1915 年 5 月 25 日的協約和 1918 年 9 月 24 日濟順、高徐鐵路的合同，以及有關與日本締結山東善後條約的換文。對於這些爭辯，中國代表的答覆是，1915 年的協約是中國在日本武力脅迫下簽定的。日本代表則反駁說：「1918 年關於鐵路的合同和有關山東問題的換文是在中國參戰以後簽定的，所以並不能說是受了脅迫。」

在這種種不利的情況之下，就是英、法、義已先有支持日本要求山東利益的保證，和中、日 1918 年的協定這種情形之下，中國在和會上終於失敗了。4 月 30 日，以威爾遜、勞合・喬治和克里孟梭三位一體的四人會議上（奧蘭多缺席），秘密決定把德國在山東的所有利益都轉讓於日本，並沒有提日本在 1914 年所作「歸還中國」的諾言。

中國在巴黎和會失敗的消息傳到北京後，深受新文化運動薰陶，飽受內憂外患和民族主義刺激的學生，早已蠢蠢欲動。學生組織包括新潮社、國民雜誌社、工學會、同言社和共學會都紛紛召開

會議，決定在 5 月 7 日國恥紀念日，就是日本提出 21 條要求最後通牒的 4 周年紀念那天，舉行民眾示威大遊行。由北京大學、高等師範學校、高等工業學校和法政專門學校領頭，並獲得了北京所有大專學生團體的同意。

緊接著，5 月 1 日至 3 日由巴黎傳來的消息更加令人震驚。這些報導說：和會即要拒絕中國要求公正解決山東問題，並且中國提案難於被接受的原因是因為中國賣國賊「欣然同意」換文的陰謀。這時駐日公使章宗祥剛好由東京匆匆返國。回國以後，他在天津逗留好幾天，還由政府裡出名親日的陸宗輿（原駐日公使，時任幣製局總裁）到天津和他接洽。4 月 30 日章回到北京，並沒有公開說明他回國的目的。雖然他在北京有自己的房子，卻住在曹汝霖家裡。第二天外國報上發表，章將不復返職，且謠傳他會繼陸徵祥出任外交總長和巴黎和會首席全權代表的職位。這個消息更引起了民眾的懷疑。他們相信政府裡居高位的人多在陰謀出賣國家的利益。5 月 3 日包括政界、商人、學生和少數軍人都急忙的召開緊急會議，企望盡力設法解救這個難關。北京商會致電其他各城市的商會，請求他們支持中國在巴黎和會的要求。上海總商會決定要在 5 月 6 日開會討論處理辦法。更重要的是，國民外交協會派代表謁見大總統徐世昌，請求他下令給中國在巴黎的代表，如果山東問題得不到合理的解決，拒絕簽字。

在這種大眾壓力之下，北京政府卻用嚴厲的措施來鎮壓騷動，使得民眾更加氣憤。北京的學生覺得不能不把已準備好的遊行提前舉行。5 月 4 日下午 1 時許，北京大學等 13 所學校的學生和留法勤工儉學預備班的學生共 3000 多人，在天安門前集會，各種旗幟、標語上大字書寫「還我青島」、「取消二十一條」、「寧為玉碎、不為瓦

全」等醒目字樣，學生們高呼「外爭國權、內懲國賊」、「拒絕和約簽字」、「抵制日貨」等口號，並一致要求懲辦親日派賣國賊曹汝霖、章宗祥、陸宗輿三人。隨後進行遊行示威，向東交民巷各國公使館前進。隊伍前面由兩個山東大漢的學生舉著兩面紅黃藍白黑的五色大國旗，後面接者是一幅富有諷刺意味的傳統式輓聯：

賣國賊曹汝霖、陸宗輿、章宗祥遺臭千古

賣國求榮，早知曹瞞遺種碑無字；

傾心媚外，不期章惇餘孽死有頭。

遊行最後的結果是，學生們搗毀曹汝霖住宅，痛打正在曹家的章宗祥。北京政府公然逮捕學生，並採取一系列高壓政策，因而激起了全國人民的憤怒，以及各種形式對北京學生進行廣泛的同情和聲援，因而爆發了大規模的五四愛國運動。[53]

結論

歐戰告終，巴黎和會落下帷幕，歷史終於走到了盡頭。中國社會科學院近代史研究所前所長張海鵬教授，在回顧 20 世紀以來的歷史，參考中國與世界的關係，曾意味深長的突出其中三個年代，即：

---

[53] 周策縱，《五四運動史》（岳麓書社，1999），頁 121-167。是書詳細記載了五四前後的史實，探討了它的來龍去脈和前因後果，是迄今海內外公認的對五四運動記述最詳細、資料最豐富、研究最深入的里程碑著作。故本節後段係參考周書，並部分濃縮改寫而成。本節亦參考呂芳上，《從學生運動到運動學生》（中研院近史所專刊，1994）及徐鼎新、錢小明，《上海總商會史，1902-1929》（上海社會科學院，1991）等書而成，不另詳註。

1900：腐敗無能的清政府被迫簽訂《辛丑和約》，中國遭受自鴉片戰爭以來最為慘重的損失，被置於極其屈辱的地位，已經殘缺的國家主權進一步淪喪。中國在屈辱中跨進了20世紀。

1945：巴黎和會上的抗爭和五四運動的爆發，轟轟烈烈的國民革命運動，尤其是抵抗日本帝國主義入侵的抗日戰爭的勝利，不僅從根本上改變了中國的政治生態，而且是近代中國歷史由衰轉盛的分水嶺。在這一年，中國參與籌建聯合國，成為繼美、蘇、英、法之後的世界五大強國之一，中國的大國地位由此而奠定。1949年以後，中國進一步可以對舊的世界秩序說「不」，開始坦然地面對世界，面對未來，並且信心百倍地努力為世界的和平與發展貢獻自己的力量。

2001：這一年12月中國加入世界貿易組織（WTO），成為世界貿易組織的成員國，這不僅意味中國的發展需要世界，而且表明世界的發展更需要中國。2001年，對中國而言，其意義在於，中國將不再是世界的一個被動因素，而是世界的一個積極因素；中國是國際社會中平等的一員，它將為世界的發展和人類的進步做出貢獻。[54]

　　中國走向世界的道路是崎嶇曲折的，同樣的，中國躍向世界舞台的過程也是險阻艱辛的。鴉片戰爭，西方列強以船堅炮利打開了

---

[54] 中國社會科學院近代史研究所編，《近代中國與世界——第二屆近代中國與世界學術研討會論文集》（社會科學文獻出版社，2005），卷1，張海鵬序，頁2-4。

中國門戶，摧毀了名為「天朝」和「華夏」至尊，實為深閉固拒、孤立鎖國的「封貢體制」，從此中國必須學習與西方國家平等相處，不得不開眼看世界。詎料半世紀以來中西碰撞的結果，中國自強維新的成效，卻是外患頻仍，造成「國中有國」、「權中有權」，而且「人為刀俎，我為魚肉」。中國在遭受連番屈辱之餘，不僅利權盡失，甚且幾乎淪為所謂「次殖民地國家」。讀史至此，凡我有血性具良知之中華兒女，能不義憤填膺！

　　危機可能正是扭轉乾坤的契機。誠如前述，中國在屈辱中跨進了 20 世紀，參加歐戰與出席巴黎和會，為中國提供了兩次梁任公所謂的「奮飛」、周恩來所說的「奔騰」機會。不幸，南北分裂、忙於內戰的中國，雖外有美、法等國少數外交官員的熱心敦促，內有段內閣與梁啟超等人的鼓吹主張，中國的參戰在外交上仍須處處受到日本的挾制和英國的消極反對。又由於財政同兵艦運輸的限制，中國最後只能採取「以工代兵」政策，派出近 20 萬華工到西歐戰場，擔任後勤支援工作。可歎的是，華工離鄉背景，遠涉重洋，冒死效命於西歐戰地，雖於提高中國在國際上的能見度以及在巴黎和會上反駁對中國「參戰不力」的指責有所幫助，但卻落得「功成而無聞，身死而名毀」。[55]這是中國政府名為參戰，派出大批知識程度不高之華工走向世界，為國爭光的第一步。遺憾的是，這一步邁得並不遠，中國在國際上仍然只能充當配角，受人擺佈，沒有充分發揮的餘地。

　　緊接而來的巴黎和會，中國派出的卻是國內一時之選的傑出外交官，他們上演與日本代表辯論，同「四巨頭」周旋，為山東問題奮鬥打拼的第二部曲。

---

[55] 請參閱拙著，《華工與歐戰》（中央研究院近代史研究所專刊，2005 再版）。

　　有關中國代表在和會上的功過表現以及拒簽凡爾賽和約的得失，論評者甚多，在此無法一一列舉，茲擇其較重要並具代表性者，略做介紹。

　　駐德公使兼駐丹麥及瑞典全權公使，亦曾出任和會中國代表團顧問的顏惠慶，在他的自傳裡說：

> 在巴黎和會上，我國政府在歷史上第一次全面闡述了我國在對外關係方面正當、合理的希望與要求。雖然這些要求當時沒有得到圓滿解決，但是此次陳述的內容日後一直是中國外交政策的基點。通過日後堅持不懈的努力，許多要求最終還是得到解決。[56]

　　職是之故，顧維鈞亦認為，回顧中國在巴黎和會上的立場和前此的發展過程，無論從國內還是國外觀點來看，「它都是中國歷史上的一個轉折點」。[57]研究北洋外交的唐啟華教授也認為，1919 年是世界外交的一個重要分水嶺，也是中國外交史的一個分水嶺。[58]

　　有謂，中國代表全面闡釋了中國收回山東的理由，等於「向全世界宣告了對強權的譴責」，並第一次樹立起中國外交的堅韌形象。而中國拒簽對德和約，從某種意義上說，這種做法的結果是使中國對德外交處於主動的地位，這是中國在國際事務中積極維護國家主權的表現。此外，這是和會中國代表的全新形象，讓全世界為之側

---

[56] 顏惠慶，《顏惠慶自傳──一位民國元老的歷史記憶》（北京商務印書館，2003），頁 137。

[57] 《顧維鈞回憶錄》，冊 1，頁 211。

[58] 唐啟華，《北京政府與國際聯盟，1919-1928》（台北：東大圖書公司，1998），引言，2-3。

目。中國拒簽對德和約，這是近代中國外交由「始爭終讓」，向獨立行使國家主權轉變的表現。[59]

目睹這場席捲中國大地風暴的美國公使芮恩施，也意識到這是中華民族的覺醒，承認它是「中國歷史上第一次奮起」，「表現出了中國真正的、積極的民族特性」，它「不是出於盲目敵視的情緒，只是因為日本人阻礙了中華民族的復興。」[60]

或謂，中國拒絕在凡爾賽條約上簽字的舉動，無疑產生了極其深遠的影響：

1.創了中國政府在國際事務中抗爭西方列強，維護中國主權的先例；

2.中國政府在山東問題上不妥協的態度博得了國際輿論的同情，尤其是激起美國國會對日本的不滿，為日後中國在華盛頓會議上重新解決山東問題奠定了基礎；

3.五四愛國運動對於促進廢除西方列強強加於中國的不平等條約的國民外交之興起和發展，實具有劃時代的作用。[61]

陸徵祥在回憶過去外交生涯時，也曾語重心長的說：「清朝辦外交只會說『是』，我出任外交時，開始說『不』。外國人可以動兵，但是我們有理必定說理。」[62]

中國代表團在和會上屬於第三級國家，亦即實際上的三流國家，但基於山東權益和國家主權，敢於向列強闡釋、申訴、爭取，

---

[59] 李兆祥，《近代中國的外交轉型研究》（中國社會科學出版社，2008），頁336-338。

[60] 陶文釗，《中美關係史，1919-1950》，頁59；保羅‧S‧芮恩施著，李抱宏等譯，《一個美國外交官使華記》（北京商務印書館，1982），頁284-285。

[61] 張憲文等著，《中華民國史》（南京大學出版社，2005），卷1，頁305。

[62] 羅光，〈訪問陸徵祥神父日記〉，《傳記文學》卷19期6，頁62。

雖然最後失敗了，但建立了敢於向西方國家說「不」的先例。雖然態度上仍舊是委曲求全，甚至忍辱含憤的，但至少做到弱國仍然可以有一定的外交，不像過去一面倒似的遭人欺凌宰割。

　　至於誰是這拒簽運動的主角或英雄。吾人不妨對陸、顧、王三位全權代表稍作分析。

　　上海廣方言館與同文館出身，數度出任外交總長，復兼任中國代表團團長的陸徵祥，以「忍辱持重」、「處事謹慎細密」著稱，但筆者早在三十多年前的一篇小文中即指出，從各方面言之，似非最適宜之人選，此實為北政府之失著。陸氏除了所受教育純屬舊式傳統訓練，接觸範圍主要以歐洲為限，與美國政治領袖素無淵源外，又因二十一條交涉之經驗，多少患有「恐日病」，且身體素來羸弱，以之應付如此久長而又任務艱鉅之和會，實有心餘力絀之感。在代表團中，他不僅未能建立起鞏固的領導權，甚至處處抱息事寧人與自責自衍的態度，以致形成群龍無首狀態，影響中國在和會之積極部署與努力。[63]

　　當時親臨巴黎採訪和會的中國唯一記者胡政之，也認為「陸之為人才具太短，幾為識者所公認。」[64]早在二十一條談判時，袁世凱要陸徵祥出任外交總長，接辦民國創立以來最為困難的外交談判時，陸徵祥便以「事情過難，精力不足」力辭，而袁竟說：「精力不足，無關重要，你可曾在會議上睡覺，我告訴曹次長如遇你睡覺，即告知日使不必見怪；因陸先生精力素弱。」[65]可見陸徵祥的「精力不足」是一種託辭，也是實情。陸氏在和會過程中，曾數度電請

---

[63] 陳三井，〈陸徵祥與巴黎和會〉，《台灣師大歷史學報》，第 2 期（1974），頁 200。

[64] 石建國，《陸徵祥傳》（河北人民出版社，1999），頁 236。

[65] 羅光，〈訪問陸徵祥神父日記〉，《傳記文學》卷 19 期 4，頁 82。

辭職，並一度撇開代表團獨自前往瑞士自購的「培德別墅」（Villa Berthe）養病，最後在簽字前夕且住進聖克盧醫院休養，足見以陸氏羸弱之軀，確實無法勝任和會長達五、六個月之繁劇工作。

再說，以陸氏和易通達的性格以及善事長官的作風，並非是個勇於說「不」的人，覆查自 5 月 10 日至 28 日陸總長給北京政府的數十通電文，對於簽字或不簽字問題，只能找到「萬祈迅即裁定，立速電示，俾有遵循」、「實為焦灼」、「祥不能獨任其責」等字眼，而沒有發現他主動的向北京方面表明不簽字的主張。後來之所以造成不簽字的事實，應該是先前王正廷「彼決不簽字」的堅決表態以及顧維鈞等人態度的支持，加上巴黎華僑的阻撓和國內輿論的一致聲援，因此，病中的陸徵祥做了一次順水推舟的決定。

不管如何，中國從巴黎和會開始第一次向西方世界說「不」，雖然表達的只是一種剩餘的憤怒，不是那麼勇敢、那麼大聲，在微弱的聲音中或許還帶些顫抖，感覺不自在，但這是一個外交分水嶺，一個新時代的來臨。從此一批批受過西方教育的新式外交官，如顧維鈞、施肇基、王正廷、王寵惠、伍朝樞等代之而起，在外交坫壇上發光發熱、衝鋒陷陣，於是「革命外交」、「廢約運動」相繼而起，中國終於可以勇敢的向西方舊世界說「不」，對強權表達主要的憤怒。又因民族主義的昂揚，伴隨著國力的增強和國際地位的不斷提升，中國終於躍向世界舞台，實踐了獨立自主的外交。

參考書目

一、檔案

中央研究院近代史研究所編（未出版檔案不列），

《中日關係史料——歐戰與山東問題，1914-1916》，上、下 2 冊，1974。

《中日關係史料——山東問題，1920-1926》，上、下 2 冊，1987。

《中日關係史料——巴黎和會與山東問題，1918-1919》，1 冊，2000。

《歐戰與華工史料，1912-1921》，1 冊，1997。

《日本外交文書，1914-1918》。

Foreign Relations of the United States, 1914-1918.

法國外交部檔案，E22-14。

法國外交部檔案，Recueil des Actes de la Conférence, Série A, paix n°41 et n° 139.

法國陸軍部檔案，7N 709, 16N 3012, 16N 3189.

二、報章雜誌

《每週評論》（北平）。

《獨立評論》（北平）。

《順天時報》（天津）。

《時報》（上海）。

《新青年》（上海）
《東方雜誌》（上海）。
《華工雜誌》（巴黎）。
《華工週報》（巴黎）。
《基督教青年會駐法華工週報》（巴黎）。
《傳記文學》（台北）。
North-China Herald.（上海）

三、專著

（一）中文部分

丁文江，《梁任公先生年譜長編初稿》（世界書局，1972）。

中國社會科學院近代史研究所編，《近代中國與世界——第二屆近代中國
　　與世界學術討論會論文集》（社會科學文獻出版社，2005），3冊。

中國社會科學院近代史研究所譯，《顧維鈞回憶錄》（北京：中華書局，
　　1983），第1分冊。

中國國民黨黨史史料編纂委員會編，《李石曾先生紀念集》（1974）。

王永祥等著，《中國共產黨旅歐支部史話》（中國青年出版社，1985）。

王芸生，《六十年來的中國與日本》（天津：大公報社，1932），7冊。

王建朗，《中國廢除不平等條約的歷程》（江西人民出版社，2000）。

王壽南主編，《中國歷代思想家》（台灣商務印書館，1978）。

王綱領，《歐戰時期的美國對華政策》（學生書局，1988）。

王鳳真，《顧維鈞與巴黎和會》（東海大學歷史所碩士論文，1981）。

王曉波等編撰，《現代中國思想家》（台北：巨人出版社，1978），第
　　五輯。

石建國，《陸徵祥傳》（河北人民出版社，1999）。

石源華，《中華民國外交史》（上海人民出版社，1994）。

石源華主編，《中國十大外交家》（上海人民出版社，1999）。

朱建民，《美國總統繽紛錄》（台灣商務印書館，1996）。

朱漢國、楊群主編，《中華民國史》（四川人民出版社，2006），第 4 分冊軍事外交卷。

吳翎君，《美國與中國政治，1917-1928——以南北分裂政局為中心的探討》（東大公司，1996）。

吳湘相編著，《晏陽初傳》（時報公司，1981）。

呂芳上，《從學生運動到運動學生》（中央研究院近代史研究所專刊，1994）。

完顏紹元，《王正廷傳》（河北人民出版社，1999）。

岑學呂，《三水梁燕孫先生年譜》（文星書店，1962）。

李兆祥，《近代中國的外交轉型研究》（中國社會科學出版社，2008）。

李育民，《中國廢約史》（中華書局，2005）。

李育民，《近代中國的條約制度》（湖南師大出版社，1995）。

李長傅，《中國殖民史》（商務印書館，1937）。

李恩涵，《北伐前後的「革命外交」，1925-1931》（中央研究院近代史研究所專刊，1993）。

李恩涵，《近代中國外交史事新研》（台灣商務印書館，2004）。

李富民、李曉麗主編，《美國總統全傳》（中國社會科學出版社，2005）。

李雲漢，《中國近代史》（三民書局，1985）。

李雲漢，《中國國民黨史述》（中國國民黨黨史委員會，1994）。

李新、李宗一主編，《中華民國史》（中華書局，1987），第 2 編第 2 卷。

李劍農，《中國近百年政治史》（台灣商務印書館，1957）。

沈雲龍，《民國史事與人物論叢》（傳記文學出版社，1981）。

沈雲龍，《徐世昌評傳》（傳記文學出版社，1979）。

沈潛，《百年家族——顧維鈞》（台北：立緒公司，2001）。

汪榮祖編，《五四研究論文集》（聯經公司，1979）。

周策縱，《五四運動史》（長沙：岳麓書社，1999）。

周策縱等，《五四與中國》（時報公司，1979）。

季羨林主編，《胡適全集》（安徽教育出版社，2003）。

岳謙厚，《顧維鈞的外交思想研究》（北京人民出版社，2001）。

林弘毅，《旺代戰爭與羅馬公教》（政治大學歷史研究所碩士論文，2008）。

林明德，《近代中日關係史》（三民書局，1984）。

金光耀，《顧維鈞傳》（河北人民出版社，1999）。

金光耀、趙勝土編著，《一代外交家──顧維鈞》（上海辭書出版社，2006）。

金光耀主編，《顧維鈞與中國外交》（上海辭書出版社，2001）。

金問泗，《從巴黎和會到國聯》（傳記文學出版社，1983）。

金問泗編，《顧維鈞外交文牘選存》（上海，1931）。

保羅・S・芮恩施，《一個美國外交官使華記》（北京：商務印書館，1982）。

俞辛焞，《辛亥革命時期的中日外交史》（天津：天津人民出版社，2000）。

俞辛焞，《孫中山在日活動祕錄》（南開大學出版社，1990）。

俞辛焞，《孫中山與日本關係研究》（北京：人民出版社，1996）。

姚崧齡，《芮恩施使華紀要》（傳記文學出版社，1971）。

段雲章，《放眼世界的孫中山》（廣州：中山大學出版社，1996）。

韋慕廷著，楊慎之譯，《孫中山──壯志未酬的愛國者》（廣州：中山大學出版社，1986）。

唐啟華，《北京政府與國際聯盟，1919-1928》（東大公司，1998）。

徐國琦，《文明的交融──第一次世界大戰期間的在法華工》（北京：五洲傳播出版社，2007）。

徐鼎新、錢小明，《上海總商會史，1902-1929》（上海社會科學院，1991）。

秦孝儀主編，《中國現代史辭典──人物部分》（近代中國出版社，1985）。

秦孝儀主編，《中國現代史辭典──史事部分》（近代中國出版社，1990）。

秦孝儀主編，《國父全集》（近代中國出版社，1989），12冊。

秦孝儀增訂，《國父年譜》（中國國民黨黨史委員會，1985）。

袁道豐，《顧維鈞其人其事》（台灣商務印書館，1983）。

高平叔,《蔡元培年譜長編》(北京:人民教育出版社,1996)。

高平叔主編,《蔡元培全集》(台北:錦繡出版社,1995)。

高平叔編,《蔡元培全集》(北京:中華書局,1984)。

張水木,《歐戰時期中國對德外交關係之演變》(東海大學碩士論文,1973)。

張玉法,《中國現代史》(東華書局,1977),上、下2冊。

張玉法主編,《中國現代史論集》(聯經公司,1980)。

張忠正,《孫逸仙博士與美國,1894-1925》(廣達文化,2004)。

張忠紱編著,《中華民國外交史》(一)(正中書局,1957年,台2版)。

張朋園,《梁啟超與民國政治》(中央研究院近代史研究所專刊,2006)。

張品興主編,《梁啟超全集》(北京出版社,1999)。

張海鵬主編,《中國近代通史》(江蘇人民出版社,2006)。

張憲文等著,《中華民國史》(南京大學出版社,2005),第1卷。

張騰蛟,《壇坫健者——王正廷傳》(近代中國出版社,1983)。

教育部主編,《中華民國建國史》(國立編譯館),第一篇《革命開國》,2冊,1985;第二篇《民初時期》,4冊,1987。

曹汝霖,《曹汝霖一生之回憶》(傳記文學出版社,1970)。

梁啟超,《飲冰室全集》(上海:中華書局,1936)。

莫世祥,《護法運動史》(台北:稻禾出版社,1991)。

郭廷以,《中華民國史事日誌》,第1冊,1979。

郭廷以,《近代中國史綱》(香港中文大學出版社,1979)。

郭湛波,《近五十年來中國思想史》(北平:人文書店,1935)。

陳三井,《中山先生與法國》(台灣書局,2002)。

陳三井,《中山先生與美國》(學生書局,2005)。

陳三井,《法國漫談》(台中:藍燈公司,1976)。

陳三井,《近代中法關係史論》(三民書局,1994)。

陳三井,《近代外交史論集》(學海出版社,1977)。

陳三井,《華工與歐戰》(中央研究院近代史研究所專刊,1986)。

陳三井校訂，旅歐雜誌社編《旅歐教育運動》（中央研究院近代史研究所，
　　1996）。

陳錫祺主編，《孫中山年譜長編》（北京：中華書局，1991），全 2 冊。

陶文釗，《中美關係史，1911-1950》（重慶出版社，1993）。

陶英惠，《蔡元培年譜》，上冊（中央研究院近代史研究所專刊，1976）。

傅啟學，《中國外交史》（台灣商務印書館，1972，改訂一版）。

彭先進，《段祺瑞推動中國參加歐戰之研究》（台大歷史所碩士論文，1970）。

彭澤周，《近代中日關係研究論集》（台北藝文印書館，1978）。

彭澤周，《近代中國之革命與日本》（台灣商務印書館，1989）。

黃正銘，《巴黎和會簡史》（台灣商務印書館，1970）。

黃金麟，《歷史、身體、國家：近代中國的身體形成，1895-1937》（聯經
　　公司，2001）。

楊玉聖，《中國人的美國觀——一個歷史的考察》（復旦大學出版社，
　　1996）。

溫英超，《當上美國總統——42 位白宮領導人的傳奇故事》（遠流出版社，
　　2001）。

劉文濤主編，《美國歷屆國務卿傳》（世界知識出版社，1993）。

劉彥，《帝國主義壓迫中國史》（上海：太平洋書店，1927）。

劉彥原著，李方晨增補，《中國外交史》（三民書局，1962），下冊。

劉真主編，王煥琛編著，《留學教育——中國留學教育史料》（國立編譯
　　館，1980）。

劉紹唐主編，《民國人物小傳》（傳記文學出版社），1-18 冊。

廣東省社科院歷史研究室編，《孫中山全集》（中華書局，1981-86）。

蔡元培研究會編，《蔡元培全集》（浙江教育出版社，1998）。

蔡百詮譯，《法國史》（國立編譯館主編，五南圖書公司，1989）。

蕭崗，《顧維鈞傳》（中國文史出版社，1998）。

戴維‧辛克萊著，鍾天祥等譯，《鏡廳——巴黎和會內幕》（世界知識出
　　版社，2003）。

鮮于浩、田永秀，《近代中法關係史稿》（西南交通大學出版社，2003）。

顏惠慶原著，姚崧齡譯，《顏惠慶自傳》（傳記文學出版社，1973）。

顏惠慶著，吳建雍等譯《顏惠慶自傳──一位民國元老的歷史記憶》（北京：商務印書館，2003）。

羅光，《陸徵祥先生傳》（台灣商務印書館，1967）。

羅光，《陸徵祥傳》（香港：真理學會出版社，1949）。

（二）外文部分

Albrecht-Carrié, René. Italy at the Paris Peace Conference, N. Y. Columbia University Press, 1938.

Ariga, Nagao. La Chine et la Grande Guerre Européenne au point de vue du Droit International, Paris : A : Pedone, 1920.

Baker, R. S. Wilson and World Settlement, London , 1923.

Blick, Judith. The Chinese Labor Corps in World War I, papers on China IX, Center for East Asian Studies , Harvard University.

Chen, Ta. Chinese Migrations, with Special Reference to Labor Conditions, reprinted by Taipei: Ch'eng-wen Publishing Company, 1967.

Chi, Madeleine. China Diplomacy, 1914-1918, Harvard University, East Asian Monograph, 1970.

Chow, Tse-Tsung, The May Fourth Movement, Stanford University Press, 1967.

Chu, Pao-Chin, V. K. Wellington Koo: A Case Study of China's Diplomat and Diplomacy of Nationalism, 1912-1966, Hong Kong: Chinese University Press, 1981.

Dominique, Pierre. Clemenceau, Paris: Hachette, 1963.

Droz, Jacques. Histoire Diplomatique de 1648 à 1919, Paris: Dalloz, 1959.

Duroselle, Jean-Baptiste. Clémenceau, Paris : Fayard, 1989.

Duroselle, Jean-Baptiste. De Wilson à Roosevelt : La Politique Extérieure des Etat-Unis, 1913-1945, Armand Colin, 1960.

Fifield, Russell H. Woodrow Wilson and the Far East: The Diplomacy of the Shantung Question, Archon Books, 1965.

Gaston, Monnerville. Clémenceau, Paris : Fayard, 1969.

George, Lloyd. War Memoirs, London: 1933-1936.

Georges, Wormser. Clémenceau vu de près, Paris : Hachette, 1979.

Georges, Wormser. La République de Clémenceau, Paris : PUF, 1961.

Housepapers （edited by C. Seymour） The Intimate Papers of Colonel E. M. House, London: 1926-1928.

Issacs, R. Harold. The Tragedy of the Chinese Revolution, Stanford University Press, 1951.

La Fargue, China and the World War, Stanford University, 1937.

Lansing, R. The Peace Negotiations: A Personal Narrative, Boston: 1921.

Lapradelle, A. G. de. La Paix de Versaille, Paris: 1919.

Lou, Tseng-Tsiang. Souvenirs et Pensées, suivi d'une lettre à mes amis de GB et d'Amerique, Paris: Cerf, 1948.

Mantoux, Paul. Les Diliberations du Conseil des Quatre, 24 mars- 28 juin 1919, Paris: C.N.R.S., 1955.

Miller, D. H. My Diary at the Conference of Paris （with documents）, 1928.

Reglnald, Wheeler W. China and the World-War, New York: The Macmillian Company, 1919.

Reinsch, Paul S. An American Diplomat in China, London: 1922.

Renouvin, Pierre. La Crise Européenne et la Première Guerre Mondiale, Paris: P. U. F., 1962.

Renouvin, Pierre. La Question d'Extrême-Orient, 1840-1940, Paris: Hachette, 1946.

Sauvigny, G. de Bertier de. Histoire de France, Paris: Flammation, 1977.

Seymour, Charles. American Diplomacy during the World War, Connecticut: 1964.

Summerskill, Michael. China on the Western Front : Britain's Chinese Work Force in the First World War, London: 1982.

Tardieu, André. La Paix, Paris: Payot, 1921.

Temperly, H. W. V.（ed.）. A History of the Peace Conference of Paris, London: 1920-1924.

Tyau, Min-Ch'ien. China Awakened, New York: The Macmillian Company, 1922.

Wou, P. Les Travailleurs Chinois et la Grande Guerre, Paris: A. Pedone, 1939.

Xu, Guoqui. China and the Great War: China's Pursuit of a New National Identity and Internationalization, Cambridge University Press （U.K.）, 2005.

四、期刊論文

（一）中文部分

〈國務院僑工事務局調查在法華工情形書〉，《新中國》，1 卷 1 期（1915.05.15）。

石源華、錢玉莉，〈著名的外交家顧維鈞〉，《上海研究論叢》（上海社會科學院），輯 2（1989）。

何大為，〈由外交總長而做洋和尚的陸徵祥〉，《藝文誌》，22 期（1967）。

呂實強，〈五四愛國運動的發生〉，收入汪榮祖編，《五四研究論文集》（聯經公司，1979）。

李宗侗，〈巴黎中國留學生及工人反對對德和約簽字的經過〉，《傳記文學》，6 卷 6 期。

林明德，〈日本與五四〉，收入汪榮祖編，《五四研究論文集》。

林明德，〈簡論日本寺內內閣之對華政策〉，《台灣師範大學歷史學報》，4 期（1976）。

金光耀，〈顧維鈞與華盛頓會議〉，《歷史研究》，1997 年 4 期。

金問泗，〈山東問題之我見〉，《傳記文學》，9 卷 1 期。

張水木，〈第一次世界大戰期間的中國對德外交政策〉，《近代中國》，39、40 期。

張水木，〈德國無限制潛艇政策與中國參加歐戰之經緯〉，《中國歷史學會史學集刊》，9 期。

張春蘭，〈顧維鈞的和會外交——以收回山東主權問題為中心〉，《中央研究院近代史研究所集刊》，23 期下（1994）。

張樸民，〈王正廷博士的一生〉，《近代中國》，29 期（1982）。

曹靖華，〈五四瑣憶〉，收入《五四運動回憶錄‧續》（中國社會科學出版社，1979）。

梁敬錞，〈我所知道的五四運動〉，《傳記文學》，8 卷 5 期。

陳三井，〈巴黎和會前後中國人的美國觀〉，《華美族研究集刊》，1 卷 2 期（2001）。

陳三井，〈陸徵祥與巴黎和會〉，《台灣師範大學歷史學報》，2 期（1974）。

黃金麟，〈歷史的儀式戲劇——「歐戰」在中國〉，《新史學》，7 卷 3 期（1996）。

黃嘉謨，〈中國對歐戰的初步反應〉，《中央研究院近代史研究所集刊》，1 期（1969）。

楊玉聖，〈孫中山先生的美國觀——一個比較分析〉，收入國父紀念館編，《第五屆孫中山與現代中國學術研討會論文集》（2002）。

葉其忠，〈1923 年「科玄論戰」前張君勱對歐洲四個看法之嬗變及其批評〉，《中央研究院近代史研究所集刊》，33 期（2000）。

葉景莘，〈巴黎和會期間我國拒簽和約運動的見聞〉，《文史資料精選》（中國文史出版社），輯 3（1990）。

虞寶棠、丁佐發，〈顧維鈞與巴黎和會〉，《歷史檔案》，1991 年 2 期。

廖敏淑，〈顧維鈞與巴黎和會中國代表團〉，收入金光耀主編，《顧維鈞與中國外交》，頁 52-82。

劉淑雅，〈歐洲戰爭與青年之覺悟〉，《新青年》，2 卷 2 號。

鄧楚川，〈威爾遜與中國〉，《歷史研究》，1964 年 2 期。

羅光，〈訪問陸徵祥神父日記〉，《傳記文學》，19 卷 6 期。

（二）外文部分

Fifield, H. Russell. "Japanese Policy toward the Shantung Question at the Paris Peace Conference," Journal of Modern History, Vol. 23, 1951.

索引

十八劃／

十九劃／

二十一劃／

作者著作目錄

一、專著

1. 《近代外交史論集》，台北：學海出版社，民國 66 年 7 月，246 頁。

2. 《現代法國問題論集》，台北：學海出版社，民國 66 年 10 月，236 頁。

3. 《國民革命與臺灣》，台北：近代中國出版社，民國 69 年 10 月，253 頁。

4. 《中國國民黨與臺灣》，台北：中央文物供應社，民國 74 年 2 月，202 頁。

5. 《華工與歐戰》，台北：中央研究院近代史研究所，專刊（52），民國 75 年 6 月，257 頁。民國 94 年 8 月再版，257 頁。

6. 《勤工儉學的發展》，台北：東大圖書公司，滄海叢刊，民國 77 年 4 月，228 頁。

7. 《臺灣近代史事與人物》，台北：商務印書館，岫盧文庫（104），民國 77 年 7 月，280 頁。民國 97 年再版。

8. 《近代中法關係史論》，台北：三民書局，大雅叢刊，民國 83 年 1 月，306 頁。

9. 《近代中國變局下的上海》，台北：東大圖書公司，滄海叢刊，民國 85 年 8 月，280 頁。

10. 《中山先生與法國》，台北：台灣書店，民國 91 年 12 月，中山學術文化基金會叢書，217 頁。

11. 《中山先生與美國》，台北：學生書局，民國 94 年 1 月，中山學術文化基金會叢書，215 頁。

12. 《舵手與菁英——近現代中國史研究論叢》，台北：秀威資訊，民國 97 年 7 月，448 頁。

二、合著

1. 《鄭成功全傳》（與王曾才等合著），台北：台灣史蹟研究中心，民國 68 年 6 月，495 頁。

2. 《中國的臺灣》（與陳奇祿等合著），台北：中央文物供應社，民國 69 年 11 月，386 頁。

3. 《人類的歷史》（與吳圳義、莊尚武合著），台北：國立空中大學，民國 76 年 3-5 月，上冊，386 頁；下冊，372 頁。

4. 《近代中國青年運動史》（與李國祁等合著），台北：嵩山出版社，民國 79 年 7 月，389 頁。

5. The Guomindang in Europe: A Sourcebook of Documents, co-author with Marilyn A. Levine, Institute of East Asian Studies, University of Berkeley, CRM52, 2000, 303p.

三、編著

1. 《勤工儉學運動》，台北：正中書局，民國 70 年 11 月，706 頁。

2. 《台北市發展史》，台北：台北市文獻委員會，民國 70-72 年，第一冊，947 頁；第二冊，1052 頁；第三冊，1214 頁；第四冊，1252 頁。

3. 《羅浮博物館——世界博物館之十》，台北：出版家文化公司，民國 71 年 11 月，190 頁。

4. 《六十年來的中國近代史研究》（與朱浤源、呂芳上合編），台北：中央研究院近代史研究所，特刊（1），上冊，民國 77 年 6 月，438 頁；下冊，民國 78 年 6 月，453 頁。

5. 《中國文明的精神》（三冊）（與王壽南等合編），台北：廣播電視事業發展基金會，民國 79 年 7 月，1050 頁。

6. 《郭廷以先生九秩誕辰紀念論文集》（二冊），台北：中央研究院近代史研究所，特刊（2），民國 84 年 2 月，上冊，398 頁；下冊，410 頁。

7. 《走過憂患的歲月——近史所的故事》，台北：中央研究院近代史研究所，特刊（4），民國 84 年 2 月，247 頁。

8. 《歐戰華工史料》（與呂芳上、楊翠華合編），台北：中央研究院近代史研究所，中國近代史資料彙編，民國 86 年 6 月，868 頁。

9. 《華僑與孫中山領導的國民革命學術研討會論文集》（與張希哲合編），台北：國史館，民國 86 年 8 月，646 頁。

10. 《居正先生全集》上、中、下三冊（與居蜜合編），台北：中央研究院近代史研究所，史料叢刊（40），民國 87 年 6 月－89 年 10 月，上冊 421 頁、中冊 1104 頁、下冊 876 頁。

11. 《加拿大華工訂約史料（1906-1928）》，台北：中央研究院近代史研究所，中國近代史資料彙編，民國 87 年 6 月，722 頁。

12.《近代中國婦女運動史》，台北：近代中國出版社，民國89年12月，664頁。

13.《中華民國外交志》（與劉達人、周煦聯合主編），台北：國史館，民國91年12月，全一冊，1115頁。

四、雜著

1.《法國漫談》，台中藍燈公司，民國65年12月，237頁。

2.《學術的變形》，台中藍燈公司，民國68年1月，194頁。

3.《走過的歲月———一個治史者的心路歷程》，秀威世紀映像叢書13，民國96年5月，195頁。

4.《青史留痕———一個台灣學者的大陸之旅》，秀威世紀映像叢書18，民國96年7月，226頁。

5.《法蘭西驚艷》，秀威世紀映像叢書33，民國97年1月，186頁。

國家圖書館出版品預行編目

中國躍向世界舞台：從參加歐戰到出席巴黎和會
  / 陳三井著. --一版. --臺北市：秀威資訊科技,
  2009.07
    面；　公分.--(史地傳記類；PC0092)
BOD 版
參考書目：面
含索引
ISBN 978-986-221-263-9(平裝)
1.中國外交　2.外交史　3.近代史
641.4　　　　　　　　　　　　　　　98011915

史地傳記類　PC0092

中國躍向世界舞台
——從參加歐戰到出席巴黎和會

作　　者 / 陳三井
發 行 人 / 宋政坤
執行編輯 / 黃姣潔
圖文排版 / 姚宜婷
封面設計 / 陳佩蓉
數位轉譯 / 徐真玉　沈裕閔
圖書銷售 / 林怡君
法律顧問 / 毛國樑　律師
出版印製 / 秀威資訊科技股份有限公司
　　　　　　台北市內湖區瑞光路 583 巷 25 號 1 樓
　　　　　　電話：02-2657-9211　　傳真：02-2657-9106
　　　　　　E-mail：service@showwe.com.tw
經 銷 商 / 紅螞蟻圖書有限公司
　　　　　　台北市內湖區舊宗路二段 121 巷 28、32 號 4 樓
　　　　　　電話：02-2795-3656　　傳真：02-2795-4100
　　　　　　http://www.e-redant.com

2009 年 7 月 BOD 一版
定價：280 元

讀　者　回　函　卡

感謝您購買本書，為提升服務品質，煩請填寫以下問卷，收到您的寶貴意見後，我們會仔細收藏記錄並回贈紀念品，謝謝！

1.您購買的書名：_____

2.您從何得知本書的消息？

　　□網路書店　　□部落格　　□資料庫搜尋　　□書訊　　□電子報　　□書店

　　□平面媒體　　□ 朋友推薦　　□網站推薦　□其他_____

3.您對本書的評價：(請填代號　1.非常滿意 2.滿意 3.尚可 4.再改進)

　　封面設計____　版面編排____　內容____　文/譯筆____　價格____

4.讀完書後您覺得：

　　□很有收獲　　□有收獲　　□收獲不多　　□沒收獲

5.您會推薦本書給朋友嗎？

　　□會　□不會，為什麼？_____

6.其他寶貴的意見：_____

_____

_____

_____

讀者基本資料

姓名：_____　年齡：_____　性別：□女 □男

聯絡電話：_____　E-mail：_____

地址：_____

學歷：□高中(含)以下　　□高中　　□專科學校　　□大學

　　　□研究所(含)以上 □其他_____

職業：□製造業 □金融業 □資訊業 □軍警 □傳播業 □自由業

　　　□服務業 □公務員 □教職　□學生 □其他_____

To：114

台北市內湖區瑞光路 583 巷 25 號 1 樓

秀威資訊科技股份有限公司　　收

寄件人姓名：

寄件人地址：□□□

(請沿線對摺寄回,謝謝!)

秀威與 BOD

BOD（Books On Demand）是數位出版的大趨勢，秀威資訊率先運用 POD 數位印刷設備來生產書籍，並提供作者全程數位出版服務，致使書籍產銷零庫存，知識傳承不絕版，目前已開闢以下書系：

一、BOD 學術著作—專業論述的閱讀延伸
二、BOD 個人著作—分享生命的心路歷程
三、BOD 旅遊著作—個人深度旅遊文學創作
四、BOD 大陸學者—大陸專業學者學術出版
五、POD 獨家經銷—數位產製的代發行書籍

BOD 秀威網路書店：www.showwe.com.tw
政府出版品網路書店：www.govbooks.com.tw

永不絕版的故事・自己寫・永不休止的音符・自己唱